主　编
魏本亚
刘文琪
刘　春
查晓红

执行主编
王晓虹
房岭刚

YU YONGZHENG JINGDIAN KELI PINGXI

于永正
经典课例评析
口语交际教学卷

语文出版社
·北京·

图书在版编目（CIP）数据

于永正经典课例评析. 口语交际教学卷 / 魏本亚主编. -- 北京 : 语文出版社, 2016.6（2023.2重印）
（真语文书系）
ISBN 978-7-80241-917-9

Ⅰ. ①于… Ⅱ. ①魏… Ⅲ. ①汉语－口语－教案（教育）－小学 Ⅳ. ①G623.202

中国版本图书馆CIP数据核字(2016)第127464号

责任编辑 冀丽萍
装帧设计 张安琪 梁 明
出　　版 语文出版社
地　　址 北京市东城区朝阳门内南小街51号 100010
电子信箱 ywcbsywp@163.com
排　　版 北京杰瑞腾达科技发展有限公司
印刷装订 保定市正大印刷有限公司
发　　行 语文出版社 新华书店经销
规　　格 787mm×1092mm
开　　本 1/16
印　　张 14.75
字　　数 177千字
版　　次 2016年7月第1版
印　　次 2023年2月第4次印刷
印　　数 9,001-14,000
定　　价 28.00元

010-65253954（咨询） 010-65251033（购书） 010-65250075（印装质量）

《于永正经典课例评析》系列丛书

编委会

写在前面

徐州市小学语文教育拥有优良的传统和深厚的底蕴，出现了一批全国知名的优秀教师。于永正老师是其中杰出的代表。他坚守杏坛五十余载，扎根课堂，躬身实践，用无限爱心与无穷智慧润泽儿童的生命成长，将平凡的工作演绎成传奇，让自己的教学思想在语文课堂上缤纷绽放，把自己的名字坚实地镌刻在语文教学的史册上。

多年来，他受邀上课、讲座的足迹遍及全国31个省（市、自治区）以及香港、澳门、新加坡、马来西亚等地，上课、讲学近两千场次，听课老师近三百万人，他以自己深入浅出的教育思想和炉火纯青的教育艺术引领一代又一代语文教师的专业成长。

1999年12月，教育部在南京举办“于永正教学方法研讨会”，这是新中国成立以来教育部为个人召开的第一个教学研讨会，于老师也成为教育部“跨世纪园丁工程”向全国推出的第一位名师，享受国务院颁发的政府特殊津贴，并获得了全国“五一”劳动奖章。原教育部人事司司长丁焰先生曾说：“于永正是一面旗帜，一个榜样。”

2012年9月，徐州市教育局举办了于永正从教五十周年纪念活动，来自全国的千余名教师代表参与了这次盛会。中国教育学会小学语文教学专业委员会理事长崔峦先生对于永正老师给予了高度评价：“于永正先生在长达半个世纪的教学生涯中，形成了既实且活、质朴自然的教学风格，引领着小学语文教学的正确方向，做出了永载语文教学史册的重要贡献！”

2013年，经江苏省教育厅批准，江苏省第一批教育科研特色项目研究所——“江苏省于永正语文教学研究所”正式成立。

2014年9月，《于永正“言语交际”式语文教学实践与探索》获首届国家基础教育教学成果一等奖。

从一连串闪光的殊荣里，我们看到了一位小学老师博大深远的教育理想、教育情怀、教育智慧以及半个世纪躬耕实践的执着追求和丰硕成果。

如何在新的改革形势下，传承于永正老师的教育教学成果，并进一步的发展与创新，是于永正语文教学研究所的重要课题。在徐州市教育局张德超局长、李运生副局长等领导的关心和支持下，在江苏省教育科学研究院杨九俊院长、彭钢所长的指导下，我们着手进行第一步的基础性研究，即全面搜集于永正老师的教学实录，并进行深入研读。这项工作持续了两年多的时间，参与的徐州市青年骨干教师、名师、特级教师和大学教授数十人，搜集、整理了于永正老师阅读、口语交际和习作教学实录近百个，现出版《于永正经典课例评析》一套四卷本。

我们希望通过近百个经典课例的研习，能够更加深入系统地走进于老师的教育思想、教学经验以及教学艺术，探寻于永正老师的教育思想和实践规律，为广大一线教师带来专业上的启示和帮助。期待着教育工作者都能认真学习于老师潜心实践，勤于思考，对语文教育孜孜以求的行者精神；能将于老师热爱教育，尊重儿童，五十年如一日的教育情怀与实践智慧传承下去，发扬开来。

编　者

二〇一六年三月

目录

于永正口语交际范式、特征与价值

（代　序）

魏本亚

口语交际就是借助口头语言进行交际的一种活动方式。“义务教育语文课程标准”把口语交际单列为语文教学的一块内容，这是对口语交际的强化，也是对学生口语交际能力的重视。因为口语交际是口头进行的，考试时不好操作，一般的考试都不太重视这一板块内容。也正因如此，许多老师就不太重视口语交际教学。于永正老师从学生终身发展考虑，非常重视口语交际教学，创造了切实可行的口语交际范式，为口语交际教学闯出了一条新路。

一、于永正口语交际范式

口语交际是一种口语的交际方式，既然是口语，就要有交际的对象，就要有交际的内容。于老师的口语交际课总是能够找到适合不同年龄段学生的交际内容与交际方式。

（一）创设口语交际情境

于老师的口语交际情境都善于根据学生的生活经验进行创设，每一次创设都能够准确地满足学生需求。这种情境创设既能够引发学生兴趣，又能够引发学生交际的欲望。我们不妨看看于老师创设口语交际情境：

案例一：

（上课铃声一落，于老师挎着一只盛着水果和蔬菜的篮子走进教室。）

班主任：于老师，您怎么挎着篮子来上课？

师：我家来了一位客人，买点东西准备中午回去招待一下。刚走到学校，上课铃响了，没来得及送到办公室。

生：于老师，我给您送到办公室去吧！

师：别！我正好用它来上说话课。

（学生睁大了眼睛，露出了新鲜、好奇，并略带怀疑的目光）

师：小朋友，我家来了位客人，他是医生。我买了些什么东西招待他呢？小朋友注意看。看看谁能说一说。

（于老师说完，把一捆韭菜、一捆苔菜、一把蒜苗、两只萝卜、七个苹果、八个橘子、两串香蕉一一拿出来，放在讲桌上。）

生：于老师买了韭菜、苔菜、蒜苗、萝卜、苹果、橘子和香蕉招待客人。

生：于老师买了很多东西招待客人。有韭菜、苔菜、蒜苗、萝卜，还有苹果、橘子和香蕉。

师：请你们把每样东西的数量也说出来，就是说，有多少韭菜，多少苹果……

生：（走到讲桌前，看着说）于老师买了一捆韭菜，一捆苔菜，一把蒜苗，两只萝卜，七个苹果，八个橘子，两嘟噜香蕉招待客人。

案例中老师带着菜篮子进课堂，引起学生好奇，老师这是干什么呢？班主任和于老师的对话做了铺垫，于老师来学校时间晚了，来不及把买的东西送到办公室，只好拿到教室。一切都是生活，一切都合情合理。于老师还交代“我买这些东西是要招待一位大夫”。因为所有用具都来自现实生活，学生都认识，自然也就对这种情境感兴趣。

案例二：

师：小朋友，这节课我想先请小朋友看于老师画图画。画什么呢？当然是好看的——（于老师在粉笔盒里找彩色粉笔，可是没有。拉开讲桌的抽屉，抽屉里也没有。）

师：学校发给我的一盒彩色粉笔哪里去了？长翅膀飞了吗？（笑声）没有彩色粉笔，画出的画儿多难看呀！

生：于老师，我到办公室给您拿去。

师：办公室里没有。

生：于老师，到隔壁二（2）班去借。上课前我看到二（2）班的李老师手里拿着一盒彩色粉笔，她还跟我说话呢！（这是于老师事先安排的）

师：（高兴地）这是个好主意！离得近，很方便，再说李老师又是个乐于助人的人。就不知小朋友敢不敢去，能不能借来。

生：（齐声）敢去，能借来！

生：（几乎把手举到老师的胸前）于老师！让我去！

师：你见了李老师打算怎么说？

生：我打算说，李老师，于老师想借您的彩色粉笔用一下。

师：后面再加两个字。想一想，加什么？

生：加“再见”。

师：李老师还没有回答你，怎么能说“再见”呢？（笑声）再想想。

生：加上“好吗”。

师：对！向别人借东西，应当以商量的语气说。请你连起来说一遍。

生：李老师．于老师想要您的彩色粉笔用一下，好吗？

生：不能说“要”，要说“借”。

师：改得对！——现在就请你（即刚才那个把手举得老高的学生）到二（2）班李老师那儿去借。（该生跑出教室）

这个情境更加真实，于老师要画画，彩色粉笔没有了，怎么办？需要去借，一位学生想起来隔壁的李老师上课前拿了一盒彩色粉笔，就提出借粉笔的要求。而老师问他怎样向李老师说，他提出了自己的设计，于老师帮助他完善了方案，让他真的到隔壁去借粉笔。这个真实的环境为学生使用口语创造了条件，使学生的交际变为可能。这种交际不是生编硬造，而是智慧的闪现与语言的流淌。

（二）引导学生试说

这是于老师口语交际教学必备的环节，这个环节非常重要。因为老师所选的话题与学生的生活相关，学生根据自己的生活经验与认知水平能够说出个大概，这就是学情。学生说不清楚的，肯定是他们感到困难的，也是老师必须关注的。我们常说要关注学情，我们却不知道如何去关注学情。于老师的试说环节就是最好的关注学情。

案例一：

师：现在，请小朋友把中心校的电话通知说一下。谁先说？

生：赵校长说，中心校打来个电话，通知邓老师明天上午到中心校参加广播操比赛。要求穿……穿……穿衣服……（众笑）

师：别笑。这位小朋友开头说得很清楚。不要紧张，想想，要求穿什么衣服？上身穿——

生：（接着说）上身穿红毛衣，下身穿白裤子，脚……脚穿白球鞋、白袜子。

师：你记得很好嘛！谁还有补充吗？

生：告诉邓老师，明天上午8点到中心校去。

师：你听得很仔细。这句话很重要，如果说不清楚什么时候去，不就误事了吗？

生：最后还要说一句：千万别迟到！（众笑）（接着又找了两位小朋友说）

这是一节《转述》训练课，校长讲得很清楚，学生听得也很仔细，但是要把他的话说全、说明白不是一件易事，尤其是一年级的孩子，年龄小，容易忘记。于老师很有耐心，让学生试着说，学生试说过程就是暴露问题的过程。学生的述说，有的地方丢内容，有的地方思路不清晰，有的地方不严谨。这正是试说的作用所在。

案例二：

（上课铃声落，于老师拿着提包走进教室。）

师：徐州市鼓楼小学的朱校长要为幼儿园的小朋友买手帕。昨天百货店张经理送来一批样品让朱校长选手帕。朱校长请我“参谋参谋”。我说：“明天我到邹城市岗山小学上课，生长在峰山脚下，孟子故乡的孩子们审美能力一定很强，请他们帮忙挑一挑，怎么样？”朱校长欣然同意。我想，同学们一定愿意帮忙的。

生：张经理送来的手帕都很美。

生：张经理送来的手帕种类繁多，图案新颖。

生：这些手帕色彩鲜艳，图案新颖，质地优良，居同类产品之冠。（众赞叹）

师：这些手帕图案各异，都有自己的特点。谁能说得稍微具体一点？

生：这些手帕图案各异，有牡丹花，有小鸭子，有黑猫警长，有米老鼠，还有白雪公主……

师：能不能把小鸭子、黑猫警长的特点简单地说一说？比如，有什么样的牡丹花，什么样的黑猫警长？请每个同学看看手帕上的图案小声说一说。（学生边看边自言自语）

这是《写推荐信》的片段，于老师借班上课，即以此为噱头。于老师让学生帮助选手帕，并且要说明理由。手帕是小学生都要使用的物件，对各种图案了然于心。一旦说起来都能够说出一些东西，但是要说全基本做不到。你看上边的述说，学生只能说出图案上的人物、动物，却很难说得具体。试说不仅满足了学生急于述说的冲动，更具有了解学生真实学情的重要意义。

（三）引导学生理清思路

口语交际有了内容，有了述说的冲动，还需要述说的思路。我们常说说话要有条理，有条理就是有思路。小学生形象思维丰富，逻辑思维不发达，讲起话来往往缺少连贯性。于老师的教学中很注意帮助学生理清思路。于老师理思路，不是告诉学生一二三，而是在学生试说的基础上帮助他们丰富内容、找到述说的顺序。

案例一：

师：说得不错。猜猜看，这把伞叫什么名字？（说完，把伞张开，请一位小朋友到讲台前，和老师一起站在伞下面。）

生：叫双人伞！

师：对的。（顺手在黑板上的“伞”字前面加上“双人”二字。）还应当在“双人”前面加个词儿。（说完，一按按钮，伞自动张开。）

生：自动双人伞！

师：对！前面再加上“自动”这个词儿。（顺手又在“双人伞”前写上“自动”二字。）大家想不想有把这样的伞？

生：（齐）想！

师：怎么说，家长才能给你买？

生：向家长说说双人伞的样子。

师：样子很有特点，应当介绍。更重要的是介绍什么？

生：介绍双人伞的用处。

师：对！要介绍这种伞的优点，比普通伞好的方面。好，家长才愿意买。这是最重要的。它的好处，大家已经了解了。你们想想，家长还会问什么？

（一时无人举手）

师：要买这种伞，还必须知道些什么？

生：到哪儿去买？

师：对呀！不知道哪儿有卖的，怎么买呢？家长还会问什么？（又无人举手）买东西要带什么？

生：买东西要带钱。

生：家长还会问：这种伞多少钱一把？

师：可是，这两个问题你们知道吗？（学生们摇头）老师告诉你们：这种伞17元一把，比普通的伞贵5元。徐州市百货大楼独家经营——全市只它一家卖。现在，大家考虑考虑，回家以后怎么说。比一比，看谁说得漂亮，把家长说动心。

在这段对话中，于老师帮助学生搞清楚了“这是什么样子的伞”——自动双人伞，“这个伞的特点是什么”——两个人可以共用，“这种伞的优点”——方便，“这种伞的价位”——17元，“这种伞的购买地方”——徐州百货大楼。通过上边的这一番对话，学生搞清楚了说话的顺序：先说是什么，再说特点、优点，再说价位、购买地。这就形成了一个述说的顺序。

案例二：

师：是这样的。陈美丽表扬的这位周老师不是别人，就是教我们数学的周老师！朱校长说，准备在明天的全校老师会上表扬周老师，但对这件事具体情况还要了解一下。校长请我们班同学问问周老师，问清楚了，写下来，交给朱校长。怎么样？

生：（齐声）行！

师：周老师来了，你准备问什么？想一想再说。

生：我想问问周老师，您是在哪儿发现陈大娘的？您认识她吗？

生：周老师，您怎么知道陈大娘有心脏病？

生：周老师，您是怎样把陈大娘送到医院的？她家离医院远吗？

生：周老师，您的两个孩子中午怎么吃饭呢？

师：大家对周老师很了解，知道她有两个上初中的孩子。——还想问什么？

生：当时还有别人在场吗？他们帮忙了吗？

生：陈大娘住了几天院？

师：大家提了不少问题，多数问题提得好，应该问，应该了解；个别问题无关紧要，例如陈大娘住了几天院，问不问没有多大关系。为了不忘记，大家可以把刚才提的问题记下来。问的时候要注意三点：1. 问的时候要有礼貌，等对方把一个问题说完了，再问第二个问题，尽量不要打断对方的话；2. 在问的过程中，如有新的问题，可以随时问，或者记下来，等对方说完了一个问题再问；3. 听的时候要专心，必要时，要作点记录。——朱涛，请到办公室把周老师请来。（一会儿，朱涛把周老师请来了。）

在这个案例中，于老师采取了让学生述说的做法，在边说边听的过程中梳理思路。整个过程体现了民主精神，老师、学生各抒已见，其乐融融，在交谈完成之后，于老师主动总结要点，形成述说思路。

古人云：不愤不启，不悱不发。学生述说不清楚，就出在“愤”的状态，老师适当启发；学生想说说不出来，老师适当引导，学生就把它说出来了。于老师的理清思路过程就是利用学生的愤悱状态适时启发，故而能够收到非常好的效果。

（四）现场实现口语交际

这是最难的环节，一般的老师缺少前边的铺垫，直奔这一环节，其结果就只能是学生言不由衷、词不达意。于老师借助前面三个环节，层层铺垫，为学生扫除了一系列语言障碍，学生在这个环节开口讲话就水到渠成。

案例一：

（学生自由练习，老师听取了几个小朋友的练习，并作了指点、辅导。）

师：谁愿意到前边来给小朋友导游？

生：（走到黑板前，手持教鞭）欢迎小朋友到公园游玩。秋天到了，菊花开了，有黄的，有红的，有白的，有蓝的。（师提示：“颜色多不多？美不美？”）真是五颜六色，美丽极了。（师插话：“说得好！注意花名”）黄的叫法国女郎，红的叫红绣球，白的叫高山流水，蓝的叫蓝宝石。

师：说得不错！谁到前边来，为听课的老师导游？对老师讲，要讲生动一点！

生：（走到黑板前，手持教鞭）小朋友们！（发觉不对，忙改口）老师们！（众笑）欢迎你们到公园里看菊花。这里有“法国女郎”“红绣球”“高山流水”“蓝宝石”。“法国女郎”的花瓣多么像法国姑娘的黄头发！“高山流水”的白色花瓣又细又长，多像从高山上流下来的

泉水！“红绣球”又大又红，蓝宝石闪闪发光！（全班鼓掌）这里的菊花多着呢，请老师们往下看。（众笑）

案例二：

师：我带来两部电话机，（说着，从提包里取出两部玩具电话机。）我当朱校长，谁来打电话试试？徐州的长途号是0516，鼓楼小学的电话号码是322735。

（于老师把另一部电话交给一位同学。）

生：（拿起听筒，拨号。于老师跟前的电话铃响。）

师：（拿起听筒）喂，哪里？

生：我是邹城市岗山小学，我叫×××，您是鼓楼小学吗？

师：是的。您找谁？

生：我找朱校长。

师：我就是朱校长。（笑声）你有什么事？

生：我看了于老师带来的手帕。这些手帕图案新颖，色彩鲜艳。最好的是“黑猫警长”。黑猫警长骑着摩托车，手举着手枪，正在追赶“一只耳”。小朋友一定喜欢他，会像它那样勇敢，和坏蛋作斗争。这种手帕不算贵，才8角钱。朱校长，建议您为小朋友买这种手帕！再见！

师：我还没表态，就再见了？（笑声）同学们对这位同学打的电话有什么评论？

生：我觉得他讲得多了，时间比较长。

师：是的。这次电话费至少得10元！（笑声）打电话要有时间观念，把话说简洁，还有推荐“黑猫警长”的吗？再试一次。

案例一，于老师采取做导游的方式，让学生真实地体验导游的乐趣。学生边述说边享受着述说的成就感。学生说得好的地方老师就表扬，学生说得不妥的地方老师就引导完善。案例二，老师带来了两部电话机，让学生直接通话，现场仿真训练。学生把前边所学尽可能地应用到自己的表演之中。说得真实、演得真实，收获也是真实的。

二、于永正口语交际范式的基本特征

于永正老师的口语交际教学是历经几十年的钻研、打磨形成的教学样态，这种样态具有鲜明的个性，同时又揭示了口语交际教学的基本规律。

1.基于情境的口语交际

口语可以是单向度的或多向度的，而交际必须是双向度或多向度的。人的口语交际必须在一定的情境中进行。访谈，是访谈者与被访谈者在特定场合的对话；打电话，是通话人在不同的地域借助电话机工具形成的场域进行对话。情境对于口语交际来说，非常重要。

情境教学是指教师创设的具有真实事件或真实问题的情境，学生作为情境中的事件探究者或问题解决者，在探究事件或解决问题的过程中自主地理解并建构新的意义。这里的情境指的是基于现实世界的真实情境，是与现实情境一致或类似的。于老师创设对话情境包含以下几个要件：（1）根据学生生活创设情境。这些情境大都是与学生生活、学习相关的。这些情境属于学生，故而学生有话要说。（2）确定目标任务。于老师创设情境之后总会立刻告诉学生我们要干什么，我们要往哪里去，我们要做哪些事情。这个环节非常重要。（3）自主学习。学生在真实的情境之中要去完成属于自己的任务，自主学习就是学生分内之事。（4）师生合作。课程标准强调教师是学生学习的引导者与学习伙伴，师生合作就是师生共同研讨并制定相关解决问题的方案。（5）成果呈现与评价。成果是课内生成的产品，这种产品就是

“语言表述”，因为语言这个东西具有即时性，教师要在现场进行评价，才能收到好的效果。

2.基于任务的口语交际

不同年段的学生认知水平有差异，一年级的孩子表达起来有困难，于老师就让他们边玩边完成任务。任务教学就是在明确任务的过程中让学生真正地动起来，真正地在自主完成任务的过程中提升自己解决问题的能力。于老师的任务教学包括以下几个要件：（1）创设真实情境，为学生自主参与创造条件。于老师在上课时说忘记带彩色粉笔了，要去借粉笔；于老师把菜篮子带进教室说来不及送到办公室，却借机进行训练。这些都是造境。（2）真实体验。在《糊信封》教学中，于老师就安排了学生动手糊信封的活动。学生动手折纸、裁纸、抹浆糊，这就是真实的体验。在《写介绍信》教学中，于老师就安排学生拿着介绍信去电扇厂参观。这些都是让学生在行动中获得真实的体验。（3）师生合作。学生在完成口语交际任务时总有一定的困难，老师的责任就是帮助学生解决困难。（4）现身说法。于老师在这个环节总是要安排学生现场表演，目的就是要检验学生完成任务的结果。（5）现场评价。评价是口语交际的重要环节，于老师总是边听边评，给学生最直接的帮助。

3.基于思维能力提升的口语交际

思维能力培养是语文教学的重要任务。学生通过读、说的训练，逐渐学会了如何读、如何说，这就是思维训练的魅力所在。心理学研究表明，儿童思维发展有这样几个阶段：第一阶段叫前概念或象征思维阶段（2到4岁），儿童开始运用象征符号。第二阶段叫儿童的直觉思维阶段（4到7岁），动作协调仍然属于知觉活动的范畴，这一时期也是知觉活动阶段向运算思维阶段转化的过渡阶段。第三阶段是具体运算思维阶段（7到11岁），其标志是守恒概念与可逆性概念的获得。第四阶段叫形式运算阶段（11岁以上），思维已能摆脱具体事物的束缚，把内容与形式区分开来，开始相信形式推理的必然效力。于老师的口语交际课，一二年级关注学生直觉思维，如《糊信封》；三四年级，关注学生概念的获得，如摘苹果，学生要认识五种苹果；五六年级，于老师关注学生的推理能力，学生由写介绍信到写产品推荐书，这些活动都是思维能力培养。

三、于永正口语交际范式的价值

于老师的口语交际教学范式是他教学探索的结晶，它的价值就表现在于老师对口语交际规律的认识、对学生发展的认识。

1. 创造了有效的口语交际范式

于老师口语交际教学不是即兴的，而是精心设计的。这种设计体现了教师对口语交际规律的认识。于老师众多口语交际课例里面有一个课例最为特殊，那就是于老师连续上了三节口语交际课，第一节，老师创设一个特殊的情境，让学生写“招领启事”。因为学生捡到一个包，要还给失主，就要把该说的说清楚，把不该说的模糊化。第二节课，写采访报道。因为相关资料欠缺，学生必须补充相关材料，这些材料是在言说过程中完善的。第三节课，现场新闻报道。要把事件说清楚，还需要进行语言加工，尤其是现场述说，要口语化。这三节课形成了一个有机的整体。本来很枯燥的语言训练课，就变得很有趣味。

2. 为学生语言发展创造了有利条件

学生的语言发展是在实践之中不断运用不断提升的。心理学研究表明，教师讲学生听，学生留存量只有15%左右，学生的语言能力变化不大；学生在情境之中，参与活动，有亲身体验，留存量有90%左右，学生的语言能力会有大提高。在于老师的口语交际课中，他经常带领学生走进口语交际现场，让学生亲身体验。《认识苹果》，他把学生带进苹果园，亲自去摘苹果，听园艺师介绍各种苹果，又亲自分辨苹果，亲自品尝苹果，回家还要向父母介绍苹果。学生不仅在进行言说训练，也在进行生活经验的积累。学生到果园亲自摘果子、品果子、辨果子，也就形成了自己对苹果的认识。这种认识不仅对语言发展有利，而且对学生的人生经验积累也有帮助。

1

《转述通知，写留言条》课堂实录与评析

课堂实录

师：小朋友，现在于老师给大家讲个小故事。有一位小朋友跟着爸爸到地里锄草。休息时，爸爸要抽烟，可是忘带火柴了。他对孩子说："快，跑回家，向妈妈要一盒火柴来。"这位小朋友一边跑，一边不停地念叨着"火柴，火柴……"半路上，路边的草丛里"扑啦"一声飞出一只小鸟。这个小朋友便去追。可是他哪能追得上呢？他只好继续向家里走去。他一边走一边说："扑啦，扑啦……"一进家门，便对妈妈说："妈妈，爸爸要扑啦！""什么叫扑啦？要扑啦干什么？"妈妈莫名其妙。（笑声）同学们，你们说，这个小朋友怎么会把话传错呢？

生：他没把爸爸的话记住。

师：小朋友，在生活中，人们常常请人把话传给别人，这就叫"捎话儿"，也叫"转述"。（板书"转述"，并在上面加上拼音。）转述别人的话，首先要听清，记准人家的话，别弄错了；转述的时候，要把原话说清楚，说明白，不然就会耽误事。（正在这时，校长走进教

室。）

师：赵校长，您有事？

赵：于老师，打扰您了。请问邓老师在这里听课吗？（注：邓老师是这个班的班主任）

师：上课前有个人找她，她出去了。您找她有什么事？

赵：刚才接到中心校打来的电话，通知邓老师明天上午8点，到中心校参加广播操比赛，要求穿红毛衣、白裤子、白球鞋、白袜子，千万别迟到。等会儿邓老师来了，请您转告她。谢谢！

师：好的。（赵校长走出教室）小朋友，等会邓老师来了，谁能把中心校的电话通知转告她？（学生纷纷举手）

师：转述时，一定要把原话记住，说得清楚明白。想想，刚才校长怎么说的？不要忙着举手，每人先在心里说一遍。记不住的，可以问问同位。（全班小朋友认真回忆刚才校长说的话，并自言自语地说。有时互相问一问。）

师：现在，请小朋友把中心校的电话通知说一下。谁先说？

生：赵校长说，中心校打来个电话，通知邓老师明天上午到中心校参加广播操比赛，要求穿……穿……穿衣服……（众笑）

师：别笑。这位小朋友开头说得很清楚。不要紧张，想想，要求穿什么衣服？上身穿——

生：（接着说）上身穿红毛衣，下身穿白裤子，脚……脚穿白球鞋、白袜子。

师：你记得很好嘛！谁还有补充吗？

生：告诉邓老师，明天上午8点到中心校去。

师：你听得很仔细。这句话很重要，如果说不清楚什么时候去，不就误事了吗？

生：最后还要说一句：千万别迟到！（众笑）（接着又找了两位小朋友说）

师：现在我当邓老师，你们先说给我听听，怎么样？（学生非常高兴）不过，除了把通知的话说清楚外，还得有礼貌，说话态度要自然大方，说的声音要让老师听见，当然也不要太响，因为只讲给一个人听。为了说好，先各人出声练习一遍。（学生兴致很高，认真地练习。）

师：现在谁来试一试？房柯，请你到前面来说说看。别忘了，我现在是邓老师了。（笑）

房：邓老师，您好！

师：你好！（面向大家）房柯很有礼貌。不过因为早上互相问过好了，现在见面就不一定再问了。再见面应该怎么说呢？

生：邓老师，您来了！

师：这句话说明大家都盼着她来。见面喊声邓老师，打个招呼就行了。

房：邓老师，刚才赵校长找您。他说，中心校打来个电话，请您明天上午8点到中心校参加广播操比赛，要穿红毛衣、黑健美裤、白球鞋、白袜子。（几个学生举手）

生：房柯传错了一句话，人家要求穿白裤子。

师：是的，房柯，你是不是觉得穿黑健美裤更美？（众笑）就是比穿白裤子好，也不能改。你想，人家都穿白裤子，只有邓老师一个人穿黑的，多不协调啊！

房：（点点头）邓老师，请您准时参加！

师：我一定准时参加！谢谢你！

房：不客气。（众笑，房柯回位。）

师：房柯转述得不错，基本上把原话说清楚了，而且自然大方，说话有礼貌。——哎，邓老师怎么还没来啊？看来，她可能有事了。今天下午小朋友又不到校，怎么办呢？这样吧，咱们写张留言条放到邓老师办公桌上，怎么样？咱们学过写留言条，还记得吗？好，现在大家都写，谁写得好，就把谁写的放在邓老师的桌子上去。（学生兴致勃勃地写，老师巡视指导。）

师：多数小朋友已经写好了。写好了的，请大声读一遍，同位之间再互相检查一遍。（学生自查、互查，书声琅琅。）

师：现在请小朋友念给我听听。

生：（念）敬爱的邓老师：您好！赵校长请我们转告您，请您明天上午8时到中心校参加广播操比赛——

师：请停一下，小朋友，写留言条的时候，话要尽量简练。“赵校长……”一句话可以去掉。请接着读。

生：（接着读）要求穿红毛衣、白裤子、白球鞋、白袜子。千万别迟到。学生：徐敏。

生：最后还要写上年月日。

师：对，千万别忘了在名字下面写上年月日，今天是5月10日。不然开头说的“明天”，就不知哪一天了。（接着又请了两位小朋友读“留言条”，于老师进行了详细的评改。）（刚评改完，邓老师推门而入。）

师：邓老师，您早来一会儿，我们就不必费这么大的事了！

邓：怎么回事？

师：哪位小朋友来告诉邓老师？（学生纷纷举手）

师：现在请杜飞来说说看。（杜飞平时不肯发言）

杜：邓老师，赵校长找您，通知您明天上午8点到中心校参加比赛，（师插话：参加广播操比赛）要穿红毛衣、白裤子、白球鞋、白袜子。千万别迟到。

师：杜飞小朋友说得比较清楚，进步不小。谁再说一遍？（又有一名学生说，略）

师：邓老师，我们怕您不来，所以给您写了个留言条。

邓：那好，请读给我听听吧！（邓老师指了两名学生读留言条）

邓：小朋友写得真好！谢谢你们！明天我一定准时参加比赛，争取拿第一！（笑声、掌声）下课请小朋友把写好的留言条都交给我，看看谁写得最好。

师：小朋友，学会说话、写话多有用啊！今后要好好学，争取说得更好，写得更漂亮！（下课）

（徐州市中山外国语实验学校　唐媛媛整理）

教师观察

一、目标的确立与教学内容的选择

《转述通知，写留言条》是苏教版第二册里的一节口语交际课的题目，于老师将本课的教学目标确立为在生活情境中掌握转述通知及写留言条的方法、策略，鼓励学生在生活中学会“说话”“写话”。为了达成这一教学目标，于老师选择了以下教学内容：一，故事激趣，引入交际话题。上课伊始，于老师趣讲《扑啦》的故事，一下子把孩子们吸引住了。故事内容简单且贴近儿童的心理，通过讲述故事让学生明白了转述的含义及作用。二，创设生活情境，学习、掌握转述的方法、策略。课间，于老师创设了一个真实的生活场景，引导学生在帮助赵校长转述中心校的通知中，巧妙的探寻适宜的转述方法。通过于老师的指导，学生明白了转述通知时除了要把话说清楚外，还得有礼貌，说话态度要自然大方，说话的声音要适宜。三、让学生在“有所为”的情境中学写留言条。于老师抓住儿童喜欢竞争以及乐于助人的特点，巧设给邓老师写“留言条”，让学生在“有所为”的情况下巩固了写“留言条”的方法。综观整堂课，无论是从目标的设定、还是内容的确定、过程的设计以及方法的选择，都鲜明地体现了三个符合：符合课程标准的要求，符合学生的认知特点，符合口语交际活动规律。这节被许多一线教师叹服、效仿的口语交际课呈现了学生智慧的发现与主动的生长，是尊重学生、满足学生、引领学生发展的富有情趣的课堂教学。

二、学习活动开展与教师助学

教师的有效“助学”不仅体现在对课程目标的把握上，对学生学情的诊断上，更体现在对教材的深度加工及创造性地使用上。要想让学生学会转述，学生必须经过转述的历练。对孩子来讲，这种历练必须是鲜活的、新奇的。惊奇是儿童向未知世界探索的起点。这节口语交际课贵在创设了真实的生活情境，开启了学生言语表达的心门。其实教材本身的内容是这样的：“二（1）班老师通知大家：明天下午，班级举行树叶贴花比赛，要求同学带齐彩笔、胶水、剪刀、白纸和采集来的树叶。李响请假了，没有到校。如果老师请你把上面的通知内容转告给他，你见到他该怎样说。”应该说这个交际话题贴近儿童的生活，学生转述起来比较容易，但不足之处是缺少趣味因子和真实体验。如果教师照本宣科，很难调动学生听、说、写的积极性。于老师敢于用教材而不是教教材：学生的学习活动由故事导入揭示“转述”的话题，到情境表演探寻转述的方法，最后实践练习写“留言条”。交际成为儿童的一种表达需求，呈现的是一种教学无痕的境界。于老师用他的人格魅力、独特的教学方式实现了教师的有效“助学”，让学习真正发生在了学生的身上。

三、学习方式及学生的学习状态

建构主义理论指出，学习不是由教师把知识简单地传递给学生，而是由学生自己主动建构知识的过程。有意义的学习理论认为，学习者必须积极主动地使新旧知识不断分化、重新组织，才能转化为自己的认知结构，学生的有意义学习是一个主动的过程。本节口语交际课就是在实实在在地践行以学生为主体的教学思想。教学中，于老师没有进行“转述”“写留言条”知识的抽象讲解，而是将学习的主动权交给学生，根据一年级学生的思维特点，调动学生已有的生活经验和知识储备，用帮助校长给班主任老师转述通知这一任务主线，逐步地为学生搭建了层层深入的学习支架，让自主学习贯穿了学习的整个过程。纵观整堂课，于老师很少进行知识的直接告知，而是通过问题，引领学生探寻“转述”的方法及意义。学习活动是在一个平等对话的氛围中进行的。学生不知道的，老师给予补充；学生说不到位的，老师给予点拨；学生写得有疏漏的，老师给予示范。学生不是在消极地接受和索取，而是在积极主动地发现和建构。学生在“听、说、思、议、做、写”的过程中，主动思考，投入练习，在互动交往中体验着学习的快乐。

四、学生活动参与度与目标达成度

课标强调了“双向互动”在口语交际中的重要作用，为口语交际指明了方向。与其说口语交际是语言与语言的交流，不如说是心灵与心灵的沟通，是学生与学生、教师与学生间思想的碰撞和心与心的对话。于老师的这节口语课之所以如此的灵动、鲜活而富有实效，是因为教师唱好了口语交际的三部曲——“话题曲”“情境曲”“互动曲”。

唱好“话题曲”，学生就有话可说；唱好“情境曲”，学生就会想说；唱好“互动曲”，学生就会乐意去说。于老师使课堂成为一个交际场，学生身在其中，思维随意发挥，想象任意拓展，个性得到张扬，言语表达做到了“言之规范、言之得体、言之有物、言之有情”。

（徐州市鼓楼小学　张茜）

专家评点

在情境中培养学生的能力

小学一年级的口语交际课，该如何上？或者说，小学一年级的学生，应该培养什么样的口语交际能力呢？这是一个相当棘手的问题。于永正老师的《转述通知，写留言条》这个课例在“口语交际课教什么”和“口语交际如何教”这两个方面，都具有典型意义。

先从“口语交际课教什么”这个问题来看。这个问题本来是语文课程层面的问题，由于多方面的原因，“口语交际课程”几乎停留在概念层面，在语文教材中，对“口语交际的课程目标”“口语交际的课程内容”等重要方面，存在模糊不清的现象。而要上好“口语交际课”，这些问题必须先解决。于永正老师的口语交际课在这方面具有清晰、明确的内容。

在本课例中，于老师的教学目标非常清楚，即培养学生在口语交际活动中的“转述能力”。“转述能力”具体内涵是什么呢？于老师的界定是：“转述别人的话，首先要听清，记准人家的话，别弄错了；转述的时候，要把原话说清楚，说明白，不然就会耽误事。”可以简洁地把上述内容概括为两点：第一，转述时要听准确；第二，转述时要传明白。

“转述”是一项特殊的口语交际活动，也是在日常交际情境中经常出现的交际任务。“转述”这种口语交际活动的特殊性在于，它是一种涉及三方的口语交际活动，可以把转述内容称为“信息”，“转述活动”中的三方分别是“信息发出者”“信息转述者”和“信息接收者”。从时空上看，“信息发出者”和“信息接收者”往往不在同一时空背景下，须通过第三者即“转述者”进行。从“转述者”的角度来看，他首先从“信息发送者”处接收到信息，即“听”，然后把“信息”记住。遇到“信息接收者”时，再把记住的信息发送出去，即“说”。在这一“听”一“记”一“说”的过程中，“信息”的处理要突出重点、要准确。

根据“转述”交际活动的特殊性，于老师把教学目标定位于：听得准确，传得明白。只有“听得准确”，有重点地听，才能“记得深”，才能保证“传得明白”。“口语交际”与其他学习领域如阅读、写作等一样，关键在于明晰“口语交际能力”。一堂好的口语交际课，老师明白“这堂课”的目标是干什么。于老师的这堂课的教学目标的定位与明晰非常有水平。

根据“听得明白”和“传得准确”这两个目标，于老师在需要“转述信息”的难度上下了一番工夫。在这堂课中，“转述信息”是：“刚才接到中心校打来的电话，通知邓老师明天上午8点，到中心校参加广播操比赛，要求穿红毛衣、白裤子、白球鞋、白袜子，千万别迟到。等会儿邓老师来了，请您转告她。谢谢！”

这则信息显然是经过精心设计的。尤其是“要穿红毛衣、白裤子、白球鞋、白袜子”信息量复杂，干扰性极大，这是于老师的故意设计，以便通过这个例子来让学生明白“转述”时“如何听”，通过后面师生互动环节，学生明白了听“时间”“服装”和“要求”等信息点。通过对这则“转述信息”的“选择性地听”，学生将会在以后的“转述”活动中，做到有重点地、有选择地“听”，这就形成了“听得明白”的能力。

在“转述”中，“听得明白”是“传得准确”的基础和前提，所以于老师重点在于训练学生“听得明白”。在“传得准确”时，于老师重点训练学生“传得全面”。

从“口语交际如何教”这个角度看，于老师的设计更是别出心裁。于老师通过与其他老师的配合，设计了一个真实的“转述活动”，让学生在活动中体验“转述”的难点和重点，并参与到活动中，是真正的“在做中学”。

（江苏师范大学　魏本亚）

2

《描述人物外貌，转述通知》课堂实录与评析

课堂实录

第一课时

（上课铃响，于老师还没有来。一位陌生的年轻的女老师走进教室，学生们都瞪大了惊奇的眼睛。）

女：小朋友，于老师在这个教室上课吗？

生：是的，他还没有来。

女：怎么，还没有来？小朋友，我是鼓楼区文教局的，找于老师有点事。局长要他带着教学计划参加座谈会，时间是今天下午两点，地点是文教局一楼会议室，请于老师按时到会，不要迟到。我还有别的事，不等他了。等于老师来了，请小朋友转告他，好吗？

生：（高兴地）好！

女：谢谢小朋友。我再把这个通知说一遍。（略，说完走出教室。）

（于老师走进教室，学生们纷纷举手。）

师：小朋友，刚才有位家长找我，晚来了一会儿，真对不起！大家举手有什么事情吗？

生：于老师，刚才有个人找你。

师：有人找我？哪儿来的？是男的，还是女的？

生：（争先恐后地）是文教局的一个阿姨，是女的。（众笑）

老师：阿姨当然是女的啦，小朋友，文教局的老师我都认识，你说说这位阿姨的样子，我猜猜看，她是谁。看样子，她有多大岁数？

生：这位阿姨大约二十四五岁。

生：这位阿姨二十二岁。

师：看得竟然这么准确？

生：看样子，这位阿姨二十多岁。

师：我们只能看出大约多少岁，不可能一定看出多少岁。总而言之，看起来这位阿姨很年轻。她的身材怎么样？

生：她不高也不矮。

生：她中等个儿。

生：她不胖也不瘦。

生：她身材很苗条。

师：噢，这位老师是中等个儿，不高不矮，不胖不瘦，长得很苗条。（老师装作思索的样子）小朋友，她的脸上有什么特征？

学生：她长得很漂亮。

师：能说具体点儿吗？比如说，头发……

生：她是烫头发。

生：她的头发是烫成大波浪形状的。

生：她的头发蓬松松的。

生：好像烫过不久，乌黑乌黑的，很亮。

师：啊，这位老师真爱美。

生：这位阿姨双眼皮。

师：你观察得真仔细。

生：她有一双水灵灵的大眼睛。

生：她大大的眼睛，目光炯炯有神。

师：说得真好。“炯炯有神”这个词是谁教你的？

生：我在《小学生拼音报》上看到的。

师：你真爱学习。

生：她鼻梁很高。

生：高高的鼻梁上还架着一副眼镜。

生：是副金丝边眼镜。

师：噢，是一位戴眼镜的阿姨。我们区文教局三位戴眼镜的女老师，她是其中哪一位呢？小朋友，这位阿姨还有什么特点吗？

生：这位阿姨瓜子脸，嘴下边还长着一个小黑点。

师：那叫黑痣，是美人痣。嘿，这位阿姨长得很漂亮，瓜子脸，双眼皮，一双大大的眼睛炯炯有神，高高的鼻梁上架着一副金丝边眼镜，嘴下边还长着一颗美人痣。她可能是……哎，小朋友，她穿的是什么衣服？

生：她上身穿一件毛衣。

生：她上身穿一件紫色棒针线毛衣。

师：呦，你真不简单，我都不知道什么叫棒针线毛衣。

生：她下身穿一条瘦裤子。

师：什么瘦裤子？

生：她穿的是牛仔裤，蓝色的。

生：她下身穿一件蓝色的牛仔裤，脚上穿着一双黑色高跟皮鞋。

师：（恍然大悟状）我知道了，她是文教局教研室的方老师，小朋友们说得多清楚呀！

师：谁能把刚才说的方老师的外貌，也就是方老师的样子，连起来说一说？先各人自言自语地练习一遍。

（小朋友自言自语说过之后，纷纷举手。于老师让同位同学互相练习说一遍，然后指名说。）

生：上课铃响了，我们教室里来了一位阿姨，看样子，她有二十多岁，个子不高也不矮，长得不胖也不瘦，很苗条。一双大眼睛炯炯有神，高高的鼻梁上架着一副金丝眼镜，嘴巴下面还长着一颗黑点（老师纠正为“黑痣”）。她上身穿一件紫色毛衣，下身穿一条牛仔裤，脚上穿一双黑高跟皮鞋。她是谁呢？她是文教局的方老师。

师：同学们说得很清楚很明白，方老师找我什么事？

（课堂气氛顿时又活跃起来，小朋友纷纷举手）

生：她让你去开会。

师：开什么会？

生：开座谈会，要带着教学计划。

师：那好，小朋友，我不给你们上课了，我开会去。

（老师拿包要走，小朋友慌忙举手）

生：是今天下午两点开会。

生：地点在文教局一楼会议室。

师：不是现在就去？小朋友，通知开会，除了说开什么会，要带什么东西外，还要把开会的时间地点说清楚。能不能把方老师的通知连起来说说？

生：于老师，刚才文教局的方老师来找你，要你带着教学计划去开座谈会，时间是今天下午两点，地点是文教局一楼会议室。

生：于老师，我再说一遍。

师：好吧，请说。

生：于老师，方老师通知你今天下午两点到文教局一楼会议室开座谈会，要带着工作计划。不对，是教学计划。

师：你说得更漂亮。（一个学生举手）你还要讲什么？

生：是局长叫你去开会的。

生：还说千万别迟到。

师：迟到了，局长要批评我，是吧？这两点补充得很好，再找个同学说一遍，把这两点加进去。

生：于老师，刚才文教局的方老师来找你，她让我们告诉你，局长要你今天下午两点钟到文教局一楼会议室开座谈会，带着教学计划，千万别迟到。

师：小朋友说得多清楚呀，谢谢小朋友。下午开会，我一定准时到。

第二课时

师：小朋友，方老师多好哇！不辞劳苦地跑到我们学校送通知。上节课大家把方老师的样子说得非常清楚形象，把听课的老师都逗乐了。说出来了，能不能写出来呀？

生：（齐声）能！

师：现在，我给大家出个题：方老师。（板书：方老师）请把方老师的样子和她来干什么事情写下来。写好了，咱们打电话请方老师来，读给她听一听，让她评一评，谁写得好，谁写得像她。咱们还是这样开头，“上课铃响了，方老师来到我们教室……”下面接着写方老师多大岁数，个儿怎么样。下面我请一个上节课没有发言的小朋友说一说。上节课没有发言的请举手？

（几个学生举手，于老师请其中一位说。）

学生：方老师二十多岁，个儿中等，（老师纠正为“中等个儿”）不胖不瘦，很苗条。

师：说得不错！接着往下说。对，说长的样子。

生：方老师瓜子脸，戴着金丝边眼镜，一双大眼睛……

师：想一想，用个什么词来形容？炯炯？

生：一双大眼睛炯炯有神，嘴巴下面长着一颗黑痣。

师：这个特点大家都记得非常清楚。

生：（接着说）方老师穿着紫色毛衣，蓝色牛仔裤，脚穿高跟皮鞋。

师：说得好。她是来干什么的？接着说下去。

生：方老师通知于老师，今天下午两点到文教局开座谈会。

师：说得很完整。现在请同学们把这位同学说的话写下来。一共分两节，第一节写方老师的样子，第二节写方老师来干什么。比一比，看谁写得又快又好。咱们请邓老师（该班的班主任）这就去给方老师打个电话，请她来一趟。

（学生积极性特别高，老师巡视辅导。其间，请三位小朋友读写好的第一节，即外貌那一节，请两位小朋友读第二节，为全班同学起到了示范和引路的作用。二十多分钟后，多数学生写完，方老师走进教室。）

师：小朋友，方老师来了，看，刚才是不是她来送通知的？

生：（高兴地）是的，方老师。

方：小朋友好！

师：方老师，感谢您大老远地来给我送通知，小朋友非常喜欢您，把您给写下来了。

方：是吗？读给我听听好吗？

师：不过，还有少数同学没有写完，请您稍等一下。（转身对学生）小朋友，已经写好的，读一读，修改修改，没有写好的，加快速度，方老师等着听呢！

（小朋友非常兴奋，读的读，写的写。）

师：我看，小朋友都写好了，请大家坐端正。（转脸对方老师）方老师，现在请小朋友读写的作文，您来评评，看谁写得好，看谁写得像您。

方：好。那就请小朋友读吧。正好我包里有几张画片，谁写得像我，我就赠他一张画片。（小朋友鼓掌）

生：方老师。（老师说明"这是题目"）上课铃响了，方老师走到我们教室。（老师将"走到"纠正为"走进"）她中等个儿，二十多岁，长得很苗条，脸白白的。（方老师插话："小朋友，我的脸不白，请改一改。"众人都笑了。于老师插话："是怎样的就怎样写。大家对照对照老师，不合适的地方赶快改过来。"）方老师戴着一副金丝边眼镜，一双大眼睛炯炯有神，嘴巴下面长着一颗黑痣，她上身穿着紫毛衣，下身穿着牛仔裤，真帅！方老师是来送通知的，通知于老师今天下午两点到文教局开座谈会。

方：不是我帅，是小朋友写得帅。上学不到一年，就能写出这么好的作文。来，赠送给你一张画片！（学生鼓掌）

（接着又有四位小朋友读，每人都得到了一张小画片。下课铃响了，前排一位小朋友非要求读不可。）

方：于老师，就请他读一读吧。

师：（对小朋友）你是不是很喜欢方老师手里的画片？

生：不是的，不是的，我是想让方老师听听。

师：机会确实难得，读吧。

生：一位女老师走进教室，她姓方，今年28岁，（老师插话：你怎么知道的？生：刚才方老师看我作文时告诉我的。）方老师中等个儿，大眼睛，双眼皮，鼻梁上架着一副金丝边眼镜。她穿着紫毛衣，蓝牛仔裤，脚上穿着高跟皮鞋。方老师来干什么呢？是来通知于老师下午两点到文教局开会的。局长说，千万别迟到，迟到罚酒三杯。

师：（问方老师）局长这样说过吗？

方：没有，这是这位小朋友自己加的。

师：（对小朋友）迟到怎么罚酒三杯呢？

生：过春节的时候，我爸爸请客，有位叔叔迟到了，结果罚了三杯酒。

师：这是咱们徐州人喝酒的规矩，开会没有这个规矩。你想，开会哪来的酒呢？不过，我一定不迟到。

方：没想到，这位小朋友写得这么有意思。方老师奖励他两张画片。

师：小朋友，下课了，我们只好读到这儿了。

方：真可惜。没有时间听更多的小朋友读作文了。我看这样吧，于老师把这篇作文改过后，凡是写得好的，我都送一张画片，我这里还有好几张呢！（说完，从提包里取出十几张画片交给于老师）这件事就拜托于老师了。

师：谢谢您，让您破费了。（众笑）

（小朋友鼓掌欢送方老师，下课。）

教师观察

一、目标的确立与教学内容的选择

《描述人物外貌，转述通知》是一年级的一节口语交际课，于老师将本课的教学目标确立为：能够按照一定的顺序，描述人物外貌，并转述通知。

为了达成这一教学目标，于老师选择了以下教学内容：

1. 巧设言语交际的情境，激发儿童说话的兴趣。上课伊始，在于老师还未出现之前，故意安排一位老师来找自己，与学生自然而然地展开对话。这个环节，实则启发学生，先识其面，后听其声，在此基础上于老师引导学生们描述阿姨的样子，这既是本节课教学的目的之一，又很符合低年级儿童的心理。

2. 转述通知。当学生将这位老师的外貌表述清楚、完整时，于老师随即问：方老师找我什么事？此处设计甚妙，将教学转向下一个环节。同时老师向学生暗示：转述开会通知，时间、地点必不可少。

于老师的口语交际课可谓独树一帜，具有鲜明的个性。其选择的教学内容既是重难点，又同时巧妙地融合和负载了多个教学目标。在简明的教学环节中达到一箭双雕的教学功能，可谓锦上添花，再显精妙。纵观于老师的每一堂言语交际课，无一不是“一题多做”“一材多用”，他常常针对某一交际训练活动，多角度、多侧面设计丰富多彩的系列教学活动，组成一个前后衔接的教学体系，体现最优化的教学结构。这是于老师的拿手好戏，也是于老师的聪明之处。这一系列训练组成了层层紧扣的知识系统，全方位进行了听、说、读、写、做等多种技能的反复训练。

3. 写的训练。说是写的基础，会说不一定会写，由说到写还需要老师的细致指导，既要提供语句方面的零件，又要沟通思维的渠道，这对低年级的儿童尤为重要。本节课开始，老师先教给学生如何开头，对上节课已经说过的词语，不厌其烦地反复强调，都是十分必要的。这对大面积提高儿童的作文能力大有好处。从说到写，正是小学作文教学的基本规律之一。

二、学习活动开展与教师助学

本堂课，我们看到于老师提出的问题，看似很随意，实则都在他巧妙的预设中。例如：在学生七嘴八舌地介绍陌生人的年龄、个头时，老师若有所思地将学生零碎的语言，按照一定的顺序连贯地说出来。接着又问：小朋友，她的脸上有什么特征？教师既进行了适时小结，又教给孩子观察的方法：先观察整体形象，再观察局部特征。这既符合儿童学习语言的规律，又符合观察事物的规律。正是在老师的巧妙指导下，儿童观察越来越仔细，认识越来越深入，精彩的语言脱口而出。儿童认识能力的发展和语言能力的发展相得益彰。

三、学生活动方式与活动状态

在整个过程中，学生几乎不认为自己是在完成教师分派的学习任务，而认为自己是在完成生活的任务。这样，淡化了学生头脑中的课堂和学习意识，仿佛不是在学习口语交际，而是在日常的家庭、学校和社会生活中，与同学、老师和其他人进行平常的交往和沟通。这得益于教师组建了“对话协同体”，儿童在“对话协同体”中，思维、语言、情感、语境等各种因素相互协调、配合，言语交际的能力得到提升。

口语交际活动与人的心理认知活动有着极为重要的关系。口语交际该有一个生活化的交际场，在这个交际场中交际双方或多方才能各自以真我的心理完成交际过程。于老师十分关注儿童的学习心理，积极创设适合儿童学习的交际情境，面向儿童生活世界，让教学与孩子们的生活融为一体。

四、学生活动参与度与目标达成度

这节课，于老师首先通过情景设置，打开儿童的交际之门，激起表达的意愿。小朋友有了积极反应，抓住这个机会，老师“顺水推舟”，通过“询问是谁”，铺就交际之路；再通过“直面转述”，使儿童由“近”感到“真”，由“真”感到“亲”，顺利地完成交际任务。于老师创设交际情境并不单纯的是为了激发儿童的学习兴趣，更多的是让他们在具体的、现实的情境中体会到描述清楚的价值和必要性，从而激发交际热情。正如杨再隋老师所说：“当学生的表达欲望被激发起来的时候，兴致所至，妙语连珠，情之所生，妙笔生花。”

在不少课堂上，我们常常看到的是不少老师对“课堂明星”的关注，认为只有他们才能“配合”好老师，课堂成为个别同学的“脱口秀”，而其他的同学只能做“陪听”的人。于老师不这样。在言语交际课上，他时刻注意面向全体，让更多的孩子参与到课堂教学中来，全面提高课堂效益。他常采取的方式有：一是越不爱发言的学生，越是要多给他一些锻炼的机会。在言语交际训练的过程中，于老师不光给优秀生提供充分展示的机会，而且还兼顾到那些性格内向、不爱讲话的孩子。其实后者是最容易“被遗忘的角落”，而于老师不仅没有遗忘他们，还常常给他们以表扬和鼓励，增强孩子的信心，让他们积极参与到教学活动中来。二是允许插话，都要参与。课堂不是一个或几个人唱独角戏，而是“允许插话，都要参与”。在言语交际训练的过程中，于老师让一个同学说的时候，允许其他同学随时补充，补他人未说，补他人未想，孩子们争相发言，一个比一个说得准确、说得具体。

（徐州市鼓楼小学　张婷）

专家评点

先说后写—小学低年级口语交际与写话的整合途径

小学写作的训练，在语文课程标准中按照“写话—习作—写作”的顺序排列，“写话”简单地讲，即“话怎么说，文章怎么写”。尽管“写话”和“说话”有区别，但研究证明，儿童的早期写话是建立在“说话”的基础之上的。“写话”写得好的前提是，话说得清楚。在语文教材中，“写话”的资源通常是以几幅图为先导，让学生先观察图进行说话训练，然后再把说的话写下来。“看图写话”有明确的“写作导向”，导致有些图画的内容脱离了口头表达的实际，造成学生看完图，不知“如何说”。不知“如何说”，也就无法顺利地写下来。

于永正老师的《描述人物外貌，转述通知》，通过口语交际中真实的“说话”活动，把“说”延伸到“写”，有效地提高了孩子的言语表达能力。

在本课例中，于老师巧妙地设计了一个不知姓名的“信息发送者”，让学生们在“转述信息”时把她描述出来。交际的活动有两个指向，一个是转述信息，一个是描述“信息发送者”。要转述的信息主要内容为：“我是鼓楼区文教局的，找于老师有点事。局长要他带着教学计划参加座谈会，时间是今天下午两点，地点是文教局一楼会议室，请于老师按时到会，不要迟到。我还有别的事，不等他了。等于老师来了，请小朋友转告他。”这则转述信息有四个信息点：一是事情（鼓楼区文教局局长要于老师带着教学计划参加座谈会）；二是时间（今天下午两点）；三是地点（文教局一楼会议室）；四是要求（按时到会，不要迟到）。这四个信息条，都没有干扰信息，都非常明确，容易记住。有三个信息条（第二、第三和第四信息条）只含一个信息点，容易记住。第一个信息条（鼓楼区文教局局长要于老师带着教学计划参加座谈会）有四个（谁让谁带着什么干什么）信息点，内容稍大，于老师在让学生转述时，针对学生“带着教学计划”这个信息点进行了突出训练。

第二节课的目标主要是“描述转述者”。这是一个自然、巧妙的“写话”资源。在生活中，学生们也会经常遇到不知名的“托信人”，而“收信人”又非常想知道“托信人”，在这种情况下，学生需要向“收信人”描述“托信人”。如何学会用语言描述一个人既是“口语表达能力”，也是“写作表达能力”。于老师正是看到了两种能力的相关之处，通过这个活动既训练了学生的“口语表达能力之一的描述能力”，又把这种“口头描述能力”与“书面描述能力”打通，让学生先说后写，轻而易举地在目标上实现了“一箭双雕”的目的。

“说”和“写”不完全是一回事，但“说”和“写”完全不是一回事也是不能成立的。“说”和“写”在某些情境下是相通的。于老师善于抓住机会，把“说”和“写”打通和整合，有利于提高学生的口头表达能力和书面表达能力。

（江苏师范大学　魏本亚）

3 《纠正写字姿势》课堂实录与评析

课堂实录

师：小朋友，昨天我到幼儿园看小朋友画画、写字，发现不少人的姿势不正确。（板书："写字姿势"。）写字有哪几种姿势呢？下边我来学学，小朋友认真观察。（老师在讲桌上用左手扶着头写字。）同学们，这位小朋友是怎样写字的？

生：这位小朋友用手扶着头写字。

生：这位小朋友好像累了，用手扶着小脑袋写字。

师：你很会推测。——还有的小朋友这样写字。（老师把头趴在手臂上写字。）他是怎么写的，谁来说说？

生：这位小朋友把头趴在胳膊上写字。

师：还有人这样写字。（老师的眼睛离本子很近很近。）

生：这位小朋友离本子太近了。

生：这位小朋友写字的时候，眼睛离本子很近。

师：近到什么程度？谁来形容一下？（老师又演示一遍。）

生：这位小朋友写字的时候，眼睛都快碰到本子上去了。（众笑）

师：“碰”字用得好，很形象。

生：眼睛都快跟本子亲嘴了。（众大笑）

师：你说得真有意思！——还有的小朋友这样写字呢！（老师跪在椅子上写字。）

生：这位小朋友跪在椅子上写字。

师：好像犯了错误似的跪在那里，难道他的膝盖不疼吗？（笑）小朋友，谁能把这些不正确的姿势连起来说一说？要求先总的说说幼儿园许多小朋友的写字姿势怎样，再用上“有的……有的……”具体地说。大家先在心里说一下。（小朋友练说。）

生：幼儿园有很多小朋友写字姿势不正确。（师插话：这就是总的说。）有的跪在椅子上写，有的趴在桌子上写，有的用手扶着头写，有的……（学生说不出来了）

师：有的——（随机做了一个眼睛离本子很近的动作。）

生：有的眼睛离本子很近，都快碰到本子上了。

师：说得很好。全班小朋友都像他这样练习一遍。（全班学生练习说。之后，又指两名表达能力稍弱的学生说。）

师：小朋友，这样写字，时间长了会怎样？也就是说会有什么危害？（板书：危害）

生：时间长，眼睛会近视。

师：对，时间长了眼睛会近视。眼睛近视了，就会怎样呢？

生：眼睛近视了，老师在黑板上写的字就看不见了。

师：不是看不见，是看不清。

生：长大也不能当解放军了。

师：总而言之，眼睛近视了，给学习、工作，生活都会带来不便。——还有什么危害？

生：趴着写字，时间长了就会驼背。

师：对，就会影响身体发育，——还有什么危害？想想，这样能把字写端正吗？

生：坐得不正，字也写不好。

师：谁把写字姿势不正确的危害连起来说说？

生：写字姿势不正确危害很多。第一，会得近视眼；第二，会驼背；第三，不能把字写端正。

师：用上第一、第二、第三，显得非常清楚。大家都这样练习一遍。先总说，后分说。（全体同学练习说“危害”。）

师：小朋友，写字姿势不正确危害很多，很大，因此，我想请你们到幼儿园去帮助小朋友纠正写字的姿势。哎，写字应该注意什么？应该怎样做？（学生纷纷举手）

生：写字应该做到“三个一”：眼离书本一尺远，胸离桌子一拳远，手握处离笔尖一寸远。

师：能不能一边说，一边做给我看看？（学生边说边做了一遍。）

师：到了幼儿园除了讲“三个一”，还应当讲什么？（学生沉思，没有举手的。）

师：还应当让小朋友知道写字姿势不正确造成的危害。——谁来说一下？

生：要是写字姿势不正确，做不到“三个一”，眼睛就会近视，背就会驼，字也写不好。

师：说得很好。幼儿园的小朋友懂了这个道理就会自觉地端正写字姿势了。下边，大家再连起来说一遍。各人练各人的。我给大家起个头：写字的时候——（学生认真、积极地各自练说。）

师：小朋友都能把“三个一”和写字姿势不正确的危害说清楚

了。我看，你们完全可以到幼儿园当小老师了。不过，于老师还不十分放心。现在，我当幼儿园小朋友，（众笑）你们先教教我试试。

师：到了幼儿园，小朋友不认识你，不知你来干什么的，所以一见面，应当先自我介绍一下，说明来意。想想看，怎么说？

生：小朋友，我是一年级一班的学生，叫彭晓明，今天我来告诉你写字的姿势。

师：对，就这样说。谁来教我？（老师趴在讲桌上写字）范雪皎，请你来。

范：（走到于老师跟前）小朋友，我叫范雪皎，是一年级一班的学生。今天我来告诉你写字的姿势。你趴着写字不对！（众笑）时间长了，眼会近视，还会驼背，字也写不好。

师：什么叫驼背？

范：驼背就是背弯了，像个拐棍。（众笑）

师：那怎么办？

范：写字要做到“三个一”：眼离书本一尺远，胸离桌子一拳远，手握处离笔尖一寸远。

师：一尺是多远？一寸是多长？

范：我做给你看看。（师让座；范坐下，一边说一边示范。）

师：我趴着写字已经养成习惯了，觉得这样很舒服。（众笑）

范：那也得改，不能趴着写。（众笑）

师：谢谢你，范老师！（众笑）

范：别客气，再见！

师：小朋友，上课要备课，要把讲的东西写下来。下边，我们把写字要做到“三个一”写下来（板书：写字要做到“三个一”），同时还要写上做不到的危害。（学生写，老师巡回指导。）

师：谁来读一读？

生：写字、画画要做到“三个一”。第一，眼离书本一尺远；第二，胸离桌子一拳远；第三，手握处离笔尖一寸远。不然的话，就会近视，就会驼背，字也写不好。

师：你的课备得不错。不过还应加上一句：有的小朋友可能忘记“三个一”，所以要时常提醒自己要养成好习惯。

师：明天下午，我们到幼儿园当小先生，好吗？

生：（高兴地）好！

（第二天下午，于老师带领小朋友到幼儿园当小先生，纠正幼儿园小朋友的写字姿势。而后，又指导学生写了一篇小作文：《我当小先生》。）

（徐州市中山外国语实验学校　唐媛媛整理）

教师观察

一、目标的确立与教学内容的选择

《纠正写字姿势》是于老师自己创编的一节口语交际课。在小学生中，写字姿势不正确是一个普遍存在的问题，究其原因，与启蒙阶段训练不实、要求不严有关。于老师从实际生活经验出发，将贴近儿童生活的信息，当作教学素材，创设交际情景，把纠正错误的写字姿势作为说写训练的题材是很有意义的。他将本课的教学目标确立为：通过说话写话训练，引导学生认识错误写字姿势的危害，培养学生正确的写字姿势，提高学生言语交际能力。

为了达成这一教学目标，于老师选择了以下教学内容：一、创设情境，发现问题。上课伊始，于老师通过模仿幼儿园小朋友种种错误的写字姿势，让学生在观察的基础上练习说话，意在指导学生“言之有物”。二、训练说话，解决问题。在学生一句一句说的基础上，于老师再指导学生按照先总后分的方式练习说话，然后又要求学生在分述“错误写字姿势”危害时，用上“第一、第二、第三”等序数词，意在指导学生“言之有序”。三、由说到演，深化问题。当学生掌握了要讲的内容和指导的方法后，于老师又引导学生进行演练，意在指导学生“言之有用”。最后，在练说的基础上，让学生练习写一段话，先说后写，循序渐进，符合语言训练的规律。整堂课，于老师有非常明确的学习任务与目标，一步步地带领学生，或者说和学生一起融为一体地向着目标前进。

二、学习活动开展与教师助学

本节课，于老师布置了一个真实的任务：帮助幼儿园小朋友纠正写字姿势，并围绕这一任务开展学习活动，充分调动了一年级学生“好为人师”的热情，也激发了学生言语表达的实际需要。课后于老师还组织学生实地去幼儿园帮助小朋友纠正写字姿势，从而使学生深切地体会到，这种表达训练不是为了应付老师，而是生活的需要。于老师在训练一年级学生当好“小老师”的过程中，相机安排了多种多样的观察、说话、写话训练，使学生的学习活动不仅具有趣味性，还具有层次性。如在第一学习板块，教师模仿一个小朋友的写字姿势，当学生指出其错误在于“眼睛离书本太近”时，于老师没有到此为止，而是不失时机地追问：近到什么程度？形容一下。引导学生进一步从说得正确到说得生动。学生用了一个富有表现力的字“碰”时，于老师又立即给予鼓励，在于老师的巧妙点拨下，学生遣词造句的能力得到了提高。又如在师生表演练习时，于老师故意出了一些难题，如“什么叫驼背？一尺是多远？一寸是多长？我趴着写觉得很舒服”

等，意在增强学生言语表达的难度，以锻炼学生随机应变的能力。于老师这看似“不经意”的追问，旨在引导学生的思维走向深刻，表达走向精准。正是这“一步”，使学生的学习有了新的生长点，从而提升了学力。

三、学生学习方式及学习状态

传统的“听说训练”和现在“口语交际”的区别是：听说训练是单向的、静态的、自我式的言语表达，而口语交际更侧重双向的、动态的、互动式的言语表达。因此，“口语交际”更得强调培养学生的交际能力。本课教学中，于老师为学生创设了真实的语言实践活动，让全班同学全身心地融入语言实践活动中，在实践中学习语言，锻炼自己的口语表达能力。课堂上，师生进行模拟演练，学生兴趣盎然，热情高涨。于老师适时地提醒“到了幼儿园，小朋友不认识你，所以一见面应当先自我介绍，说明来意”，这样就调动了学生的生活经验，贴近了生活实际，学生在融入生活的过程中运用语言，提高了口头表达能力和与他人交际的能力。

四、学生学习活动参与度与目标达成度

本节课上大量的交流机会，促进了师生之间的互动。课堂上不是于老师一个人跟学生交流，而是几十个人形成师生之间的交流。他采用“谁来补充？”“谁想说说？”“谁来教我？”等教学语言，极大地调动了学生的积极性，形成了学生之间、师生之间互相讨论、互相倾听、互相评价的多元信息网，让更多的学生参与到口语交际中。此外，于老师注意激发学生兴趣，使学生想去说，想去讲，所以有了课上学生的蠢蠢欲动，跃跃欲试。学生讲得不够准确，他宽容，他引导，他用豁达的心态去容纳学生，去激励学生；学生有了新的见解、新的观点，他不失时机地去赞扬、去肯定，用他的语言、他的神态最大限度的表示自己对学生的嘉许。就是在这样轻松与宽松的氛围中，学生想说、爱说、敢说、会说，老师对学生学习兴趣的激发和学习方法的指导润物无声，颇显功力。

（徐州市鼓楼小学　巩慧敏）

专家评点

口语表达与正确写字姿势的养成

语文课程的性质之争，主要主题是“语文课程是工具性的还是人文性的”。新课程采取的是折衷的态度，认为语文课程兼具工具性和人文性。

就口语交际课程而言，其工具性表现在侧重于学生口头表达技能的培养，其人文性表现在通过口头语言的表达正确地引导表达生活中的自我，即自我良好的习惯，也包括良好人格的形成等。

小学一年级是学习习惯养成的开端，也是非常关键的阶段。好的习惯会对学生形成一辈子的影响。于老师把写字姿势作为口头表达的话题，其用意是十分明显的，即通过这个规定话题的口头表达活动，既训练学生的口头表达能力，又纠正学生错误的写字姿势。于老师针对一年级学生写字姿势普遍不好的现象，设计了这样一堂口语交际课，是匠心独运的。

古人言，言为心声。不单是书面表达，口头表达也是内心的显现。语言对人的内在的表现不是被动的，还具有主动塑造的作用。一个写字姿势不正确的学生，通过“写字姿势不正确有哪些危害”的口头表达活动，提醒和加深了个人对错误写字姿势的认识。通过对

“正确写字姿势是怎样的”口头表达活动，可巩固其养成正确的写字姿势。

于老师在“如何说”的口头表达技巧方面，也给了学生学习帮助。首先，于老师设置了交际情境。于老师让学生对幼儿园的小朋友进行表达，学生的口头表达有了明确的信息接收者，这促进了他们更清楚地表达。另外，在口头表达逻辑上，于老师也为学生提供了支架，让学生先说写字姿势不正确的危害，再说正确的写作姿势是怎样的。在表达写字姿势不正确的危害时，于老师让学生学会按顺序地表达，如“第一第二第三”这样的递进词，把三项危害分条理表达出来。这些都是对学生口头表达技巧的训练。

这堂口语交际课，既培养了学生的口头表达方面的技巧性能力，又有意识地引导了学生养成正确的写字习惯，是一堂着眼于学生全面发展的语文课。

（江苏师范大学　魏本亚）

4

《观察蔬菜、水果，招待客人》课堂实录与评析

课堂实录

（上课铃声一落，于老师挎着一只盛着水果和蔬菜的篮子走进教室。）

班主任：于老师，您怎么挎着篮子来上课？

师：我家来了一位客人，买点东西准备中午回去招待一下。刚走到学校，上课铃响了，没来得及送到办公室。

生：于老师，我给您送到办公室去吧！

师：别！我正好用它来上说话课。

（学生睁大了眼睛，露出了新鲜、好奇，并略带怀疑的目光）

师：小朋友，我家来了位客人，他是医生。我买了些什么东西招待他呢？小朋友注意看。看看谁能说一说。

（于老师说完，把一捆韭菜、一捆苔菜、一把蒜苗、两只萝卜、七个苹果、八个橘子、两串香蕉一一拿出来，放在讲桌上。）

生：于老师买了韭菜、苔菜、蒜苗、萝卜、苹果、橘子和香蕉招待客人。

生：于老师买了很多东西招待客人，有韭菜、苔菜、蒜苗、萝卜，还有苹果、橘子和香蕉。

师：请你们把每样东西的数量也说出来，就是说，有多少韭菜，多少苹果……

生：（走到讲桌前，看着说）于老师买了一捆韭菜，一捆苔菜，一把蒜苗，两只萝卜，七个苹果，八个橘子，两嘟噜香蕉招待客人。

生：应当说："两串香蕉"，不能说成"两嘟噜香蕉"。

师："两串"用得很好。但是说："两嘟噜"也可以。这是群众语言。下面，我要求大家不但说出各种东西数量，还要说出它们的特点，比如，什么颜色啦，什么气味啦，什么形状啦……同位的同学先说一说，说的人可以站起来，一边看一边说。两个人说的时候声音不要大.

（小朋友练习说。）

师：大家说得很带劲！有的小朋友说得准确，生动。谁能到前边来说一说？

生：于老师买了一捆绿油油的韭菜，一捆绿油油的苔菜，一把细长的嫩蒜苗，两只青青的萝卜，七个红红的苹果，八个黄澄澄的橘子，两串香喷喷的香蕉招待客人。

生：韭菜是嫩绿的，不是绿油油的。

生：香蕉还可以说，两串弯弯的香蕉。

生：苹果还可以说，又圆又香的大苹果。

师：小朋友说得很好，"嫩绿"这个词用得准确。

师：小朋友，我到家后怎样用这些东西招待客人呢？

生：您回到家里，先把香蕉、橘子拿出来让客人吃，然后去洗菜做饭。

师：是的。那我怎么说呢？

生：您就说：大夫——（笑声）

师：你怎么知道要称客人“大夫”？

生：您不是说他是医生吗？——您就说，大夫，您先吃点橘子、香蕉，我去做饭，做好了，咱们就吃。（众笑）

师：你真懂事！这样吧，请你到前边来当于老师，我当客人，咱们试一试好吗？你想好该怎么说，要做什么。

生：大夫，您好！（说完伸出右手）

师：您好！（互相握手）下班了？（笑声）

生：下班了。您等急了吧？（说完，拿出一个橘子和一串香蕉）请您吃点水果，我去做点菜，做好了，咱们喝酒！（众笑）

师：麻烦您了！不要搞得太复杂，简单点！（众大笑）

师：这位小朋友很会说话：下边请同位的同学一个当于老师，一个当大夫，照着刚才样子说说。

（学生情绪非常高涨地练习）

师：好了，我回家就按同学说的去招待客人。

班主任：于老师，您买了那么多东西，盛在两只篮子里就好了。给！我的小提篮借给您用一下。

师：谢谢！哎，有了两只篮子该怎么装呢？谁愿意来帮我装？

生：我来帮您装（他把韭菜、苔菜、萝卜和蒜苗放在一只篮子里，把苹果、香蕉和橘子放在一只篮子里。）

师：你为什么这样装呢？

生：韭菜、苔菜、萝卜和蒜苗是蔬菜，苹果、橘子和香蕉是水果，所以我把它们分开装。（众赞叹）

师：谢谢你，聪明的小朋友！

（下课）

（徐州市兴东实验学校　庄静）

教师观察

一、目标的确立与教学内容的选择

于老师具有素材意识，非常善于发现、发掘、选择有生活基础的，孩子喜欢的、感兴趣的素材作为教学内容。《观察蔬菜、水果，招待客人》，是于老师基于学生的心理发展与生活实际开发的语文课程资源。生活中招待客人的情景学生经常会遇到，应该说是司空见惯的生活小事，但对于一年级的孩子来说，招待客人能做到热情、大方、得体却并非易事。于老师将它确定为口语交际的话题，既贴近生活，又具有较高的训练价值。课堂上于老师调集学生已有的生活经验，引导学生回忆在家中招待客人时怎样说，怎样做，这样的教学来自于生活，而又高于生活。生活是语文学习的源头活水，生活有多丰富，语文学习资源就有多丰富。于老师打破课堂内外的壁垒，不拘泥于教材，把口语交际的课堂延伸到广阔的生活天地中去，主动帮助学生巧搭口语交际的“舞台”，让学生在多姿多彩的生活“舞台”中观察、表达，在活动中发展学生的口语交际能力。

二、学习活动开展与教师助学

这堂课于老师的教学目标简单明确：1，观察了解常见的蔬菜、水果特征，能用准确生动的语言表达。2，联系生活实际，学习有礼貌、热情大方地接待客人。在达成目标的过程中，于老师由浅入深，由易而难，体现训练的层次性。在实施第一个教学目标时，于老师根据学生的认知规律和语言发展规律设计了三个层次的训练，从具体准确到生动形象，步步深入。先说买了些什么东西；再说每样东西各有多少数量；最后不但要说出有什么东西，多少数量，而且还要说出它们各自的特点，比如什么形状、什么颜色、什么气味等。教学目标呈逐步递升的状态，这步步深入的训练，也顺应了学生的认知规律与语言发展过程。

三、学生学习活动方式及活动状态

口语交际的成功，不仅要研究教学内容、教学方法，更应当创设符合学生心理特点的，富有情趣的教学情境，这样学生才会在愉悦的氛围中乐于思维，敢于表达，才能点燃学生交际的欲望。于永正老师是这样创设生活交际情境的：上课铃一响，于老师挎着篮子走进教室来上课，他说：我家来了客人，买点东西准备中午回去招待一下，刚到校，铃响了，来不及送到办公室。于老师并不是来不及去办公室，而是巧妙地借助班主任角色参与，营造了一个既贴近生活又极其真实的准备招待客人的教学情境。小朋友那新鲜、好奇并略带怀疑的目光，证明了于老师巧妙的导课已激发了他们的兴趣，并锁定了注意力。然后，他把篮子里的蔬菜、水果一一放到讲台上，让学生先观察后说，他家来了客人，他买了什么东西招待，使课上得格外自然，格外生活化。学生们兴致盎然，踊跃表达。接着，于老师又继续深入“我该怎样用这些东西招待客人”，安排了师生互动、生生互动的角色表演。学生们参与、表达的情绪高涨，侃侃而谈。临近课终，于老师又借助班主任的参与，以“借篮”为跳板，出人意料地抛出个“节外生枝”的“分类装篮”问题——用两只篮子装这些东西。这一“神来之笔”，既与生活实况相符，又寓分类的逻辑训练于其中，可谓一石二鸟，为整堂课锦上添花。整个课堂各环节前后呼应，首尾圆合，学生的口语交际动机与口语交际活动徜徉在环环相扣的口语交际情境之中，实在妙不可言。

四、目标达成

口语交际是一个动态的过程，学生的表现稍纵即逝，引导的机会也稍纵即逝，所以引导的即时性就显得尤为重要。这堂课上，于永正老师总是在最恰当的时候用恰当的引导“不断为课堂的进展导向、指谬、激励、维持和强化”，对学生口语交际能力的提升给予了极大的帮助。如当学生对于“两串香蕉”还是“两嘟噜香蕉”产生疑问时，于老师及时进行引导“‘两串’用得很好，但是说‘两嘟噜’也可以，这是群众语言”，充分体现了于老师尊重主体，关注学生的经验世界与情感世界。又如，“小朋友，我到家后该怎样用这些东西招待客人呢？”“你想好该怎么说，要做什么。”于老师从旁扶掖，于要害处适时点拨引导，耐人寻味。另外，这堂课中，于老师在引导时注意点面结合，摆正了个体引导与群体训练的关系。如说水果、蔬菜的时候，先让同位的同学练习说，再请个别同学到前面说。因为有同位练说的基础，所以争取到前面说的同学很踊跃，表达效果很好。又如说怎样招待客人的时候，先让一生与老师互动表演，再请同位的同学一个当于老师，一个当大夫，照着刚才的样子表演说。因此，学生的参与热情不断高涨，学习能力也在这高涨的热情中不断提高。

（徐州市鼓楼小学　许平平）

专家评点

通过口语交际活动培养口头表达能力

口语交际领域的学习目标的定位存在一种争议：口语交际是着重培养学生的口头语言表达能力还是着重培养学生的交际能力？可能很多读者以为这是一个伪问题，语文课程里的口语交际活动肯定是培养学生的口头语言表达能力了，学生的交际能力是交际学的范畴，不属于语文的领域。这样思考似乎很有道理。但有一点值得注意，即语言的工具性。交际活动中的言语表达，不单纯与语言的使用技巧有关，还跟交际语境、交际文化、交际礼仪等社会性因素有关。因此，口语交际领域的学习目标要兼顾口头语言表达能力和学生的交际能力的培养。

口语交际领域的整体目标是，既要培养学生的口头语言表达能力，又要培养学生的交际能力。但从阶段目标和课堂教学目标来看，只能以一种能力的培养为主，尤其是一堂课的教学目标。在最微观的教学目标层次上，口语交际课只能培养一种能力，而附带关注另一种能力。以于永正老师的这堂课为例，于老师显然是以培养学生的口头表达能力为主，在学生口头表达活动过程中，提醒其注意相关礼节，如称呼“您好”等。

小学阶段尤其是低段的口语交际中的口头语言表达能力和交际能力，应该侧重培养学生口头语言表达能力。小学生尤其是低年级的学生，其社会认知和社会交际活动都有一定的限制，其交际能力只能与其能从事的社会交际活动相匹配。在小学生典型性的社会交际活动中，学生能用口头语言得体地进行交流，这是小学生口语交际课的主要目标。“招待客人”是小学生日常生活中经常遇见的交际活动，交际能力主要体现在礼貌周到，一般来说，一年级的孩子很容易做到。针对这种情况，在这堂课中，学生在交际活动中都能很好地把握交际礼节。于老师没有把对交际礼节的训练作为重点，而把口头表达能力作为重点。

细心的观察者会发现，这堂课的口头表达能力训练，并没有用在最后的口语交际活动之中。在课堂的重点环节上，教师重点训练了学生如何口头描述篮子里的水果，要求学生从名称、数量、颜色等方面进行描述。最后生成的口头表达成品是：一捆绿油油的韭菜，一捆绿油油的苔菜，一把细长的嫩蒜苗，两只青青的萝卜，七个红红的苹果，八个黄澄澄的橘子，两串香喷喷的香蕉招待客人。这个口头表达成品在交际活动中（主人和客人之间的交流）并不需要被使用，从课例中也可以观察到，于老师也没有让学生使用。

也就是说，口头语言表达能力的训练与交际活动的剥离，这是于老师这堂课的主要特色。上文已经提过，口语交际的整体目标是既要培养口头表达能力，又要培养交际能力。但在课堂教学情境下，需要重点培养学生的口头表达能力。为了能达到效果和实现目标，交际能力往往作为成熟的学习条件出现，支撑口头表达能力。在这个课例中，于老师没有在交际方面给学生设置障碍。于老师事先可能也考虑到学生不会存在交际能力障碍，所以专心培养学生的口头表达能力。

交际活动在这里成为了口头表达能力的情境，让学生在自然真实的语境中思考如何进行良好的口头表达是这堂课的特色。

（江苏师范大学　魏本亚）

5

《糊信封》课堂实录与评析

课堂实录

第一课时

师：小朋友，周老师要我告诉大家，今天下午第一节手工劳动课学习糊信封，请小朋友中午回家让家长帮助准备四样东西：一张有两本书那么大的厚厚的白纸，一瓶胶水，一把剪刀和一盒彩笔。记住了吗？

生：记住了。

师：谁能说一遍给我听？

生：今天下午我们学习糊信封。周老师让我们准备四样东西：一张白纸，一瓶胶水，一把剪刀和一盒彩色水笔。

生：准备一张像两本书那么大的白纸，厚一点的。

师：对的。这一点要说清楚。还有，因为每个人都要准备这四样东西，"老师让我们准备"改为"老师让每个人准备"就更确切了。——谁再说一遍？（生说，略。）（正在这时，进来一位小朋友。）

师：这位小朋友有事迟到了，谁把刚才周老师的通知告诉他？（学生争先恐后地举手。师指一人说，略。）

师：回家怎样对家长说，家长才会乐意为你准备？

生：说话要有礼貌。

生：见了妈妈先问好。

师：对，这样家长一定会夸你懂事，会乐意帮你准备。不过，最要紧的是要把周老师要求准备的东西说明白。现在我当小朋友的妈妈，你们先对我说说试试。怎么样？（学生争着要说。）

师：想想，第一句话怎么说，要求说完了，又该说什么。现在大家自由练习一遍。（学生认真练习后，师指一生到前边来。）

师：现在我是你妈妈了。（众笑）

生：妈妈，我回来了。

师：赶快把书包放下，休息一会就吃饭。（众笑）

生：妈妈，今天下午老师教我们糊信封，每个人要准备四样东西。

师：哪四样东西？

生：一张白纸，要厚一点，有两本书那么大就行了，还有一瓶胶水，一把剪刀，一盒水彩笔。请您帮助我准备好。

师：现在我去找？不吃饭啦？

生：吃过饭，请您帮我找好。

师：说得不错。看看还能不能换一种语言，比如说商量的语气——

生：吃过饭，请您帮我找一下，好吗？（众赞叹）

师：这样改好，因为是商量的语气，妈妈会更乐意为你准备。请回位——谁还能把最后的话说一下？

生：好妈妈，请您吃过饭帮我准备一下，好吗？

师：你的嘴真甜！我要真是你妈妈，不吃饭也要为你找！（众大笑）谁愿意到前边来说一遍？

生：（走到老师跟前）妈妈好！

师：好，好。

生：妈妈，今天下午我们要糊信封，老师让我们每个人带四样东西：一张有两本书那么大的厚纸，白的，一把剪刀，一瓶胶水和一盒彩色水笔。吃过饭请您帮我准备好，行吗？

师：咱家没有胶水。

生：（一时不知所措）……那，那就向别人借。

师：借也可以，不过我们今后还要用，吃过饭，我到商店买一瓶。

生：谢谢妈妈！（该生回位）

师：小朋友，有的东西家中可能没有，或者一时找不到，这一点要估计到。如果没有，要想办法，或者借，或者买。

师：俗话说，好记性不如烂笔头。要准备的东西不少，为了防止遗忘，请小朋友写下来给妈妈或者爸爸，写个便条，到家把纸条一递，就省得说了。咱们都会写留言条，形式和留言条一样。看谁写得又快又好。（生写便条，师巡视指导。）

师：（看多数学生已写好）多数小朋友写完了，请每个小朋友朗读一下自己写的便条，同位的也可以互相读一读，互相学习一下。（生朗读、互读。）

师：谁愿意读给大家听一听？

生：（读自己写的便条）

妈妈：

今天下午手工劳动课，老师教我们糊信封，要我们每个人准备四样东西：一张像两本书那么大的厚一点的白纸，一瓶胶水，一把剪刀和一盒彩色水笔。请您帮我准备一下，好吗？

谢谢！

女儿：刘蓓

5月10日

（原文中多数是汉语拼音）

生：她没写哪一年。

师：因为是张便条，不写年也可以。小朋友回家可以说，也可以把便条交给妈妈看。下午上课用的东西一定准备好，不然周老师一定会埋怨我没有向大家说明白！（下课）

第二课时

（下午第一节手工劳动课之后）

师：小朋友，上一节课我们学会了糊信封。有的小朋友糊得相当好，信封的左下角有的画了一只鸟，装饰得非常美。可是于老师还从没有糊过信封呢！你们教教我行吗？回忆一下，刚才是怎样糊信封的？分几步？

生：第一步先把纸折叠好。

师：怎么折叠？我这里有一张纸，请你带着剪刀和胶水过来做给我看看，边做边讲。

生：（走到老师跟前，边做边说）两边向当中折叠，再把两头折一点，然后打开，把两头折的一部分剪掉。（说完便拿起剪子剪掉一部分）

师：剪掉这部分干什么？

生：剪掉这一部分好封口。

师：第二步呢？

生：第二步，用胶水把接缝粘好。（边说边粘）信封的一头粘死，另一头留着。

师：（故意）为什么？

生：两头都粘死了，怎么装信纸呢？

师：你看我糊涂的！（众笑）

生：第三步，用红笔在信封的正面打三道横线。

师：打三道横线做什么？

生：第一、二道横线上面留着写收信人的地址，第三道横线上留着写收信人的姓名，下面留着写写信人的地址。

师：你说得真清楚，真是我的好老师！（众笑）

生：第四步，在左上方用红笔画六个方块，留着写邮政编码。还可以在左下角画朵花，画只小鸟。

师：我不会画。

生：不会画就别画了，没有也行。（众笑）于老师，糊信封分四步，您听明白了吗？

师：我听明白了，谢谢您，小老师！（众笑）小朋友，一年级二班的小朋友也想学习糊信封，我们教他们好吗？不过，咱们不一定到他们班去。我想，如果把怎样糊信封的过程和方法写下来（板书：怎样糊信封），他们一看不就会了吗？

生：对！

师：现在，咱们就以"怎样糊信封"为题，把糊信封的四个步骤写下来，交给二班的小朋友。第一步（板书"1"）怎么做？（生说，略。）第二步（板书"2"）怎么做？（生说，略。师依次板书

“3”“4”，并让学生说一说，略。）现在请小朋友把说的写下来。注意，每一步写一小节。（学生认真写，老师巡视辅导。）

师：小朋友都写好了，谁站起来说一说？

生：（读）怎样糊信封

1. 把裁好的纸按要求折叠起来，把两头剪好。

2. 在接缝的地方，涂上胶水粘好，一头要粘死，留着另一头。

3. 用红笔在信封的正面画三道横线。

4. 在左上角用红笔画六个方框。

（文中多数字是汉语拼音）

（接着又请了两位小朋友念，发现问题随即提出并纠正。）

师：下课后，请把你们写的《怎样糊信封》交上来，我再送给二班的班主任。二班的小朋友看了，再经过老师指点，一定会糊信封，他们一定会感谢我们的。

生：不用感谢！

（下课）

（徐州市中山外国语实验学校　王芳整理）

教师观察

一、目标的确立与教学内容的选择

《糊信封》是于老师自编的一节口语交际课，于老师将本课的教学目标确立为引导学生联系生活经验写便条和介绍糊信封的过程和方法。为了达成这一教学目标，于老师选择了以下教学内容：1. 联系生活体验，引入交际话题。上课伊始，通过谈话交流，让学生明白清楚地表达应注意哪些。其间，于老师指导学生在交流过程中通过比较与辨析，明白说话时要有礼貌，表达要清楚。2. 学习、掌握写便条的方法、策略，利用教材中学过的留言条，引导学生在给妈妈写便条时，探寻适宜的方法。3. 在与学生的交流中，引导学生梳理糊信封的步骤，并按顺序写下来。由于教学目标明确，教学内容的选择来源于学生的生活，契合学生的认知实际，对接了学生言语表达的需要，确保了学生的课堂学习扎实、有效。学生在交际活动中不仅学力得到了提升，言语交际的认识水平也到了发展。综观整堂课，正是在目标的正确导引下，在教学内容的精心选择下，学生在课堂上才呈现出了一番真实的交际生活。

二、学习活动开展与教师助学

在轻松愉快的对话中，在富有情趣的体验中，开启学生言语表达的心门是于老师口语交际教学的显著特色。于老师有意识地创设情境，为学生言语交际提供了具体的、生动的活动场，使他们感到交际对象就在眼前，自己是实实在在地在进行交际。课堂上，通过师生间自然地交谈，让学生们明白了如何才能清楚地表达，接着，学生们在轻松自然的交际生活中明白如何写好便条，掌握写便条的方法。最后，引导学生梳理糊信封的步骤，并按顺序写下来。学习真实而又自然地在每一个孩子身上发生。仔细品味，学生的学习活动从领悟如何清楚地表达，到学写便条，体会便条的作用，从糊信封步骤的探寻，到如何写清楚制作的方法，教师始终是着眼于学生的生活经验与表达需求，呈现的是一种教学无痕的境界。这种境界的创造源于于老师对学生的深切体察——他耐心地等待着学生的应答，友善地应对着学生的失误，真诚地赏识着学生的表现，巧妙地点拨着学生的疑难；源于于老师深厚的专业学养——他把握学情，对教学资源智慧地利用，不是进行单一地练习，而是糊信封前练习写便条，糊信封后练习按步骤把过程写下来。整节课，学生兴致盎然，是课堂的小主人，教师的任务是从旁扶掖，指导学生练习写便条和写制作过程，从而让学生实现由不会到会，由不够好到比较好的转变。整个学习流程是言语交际方法的探寻，是学法的引导。于老师以专业智慧和诚挚的教师情怀为我们生动地诠释了“教师助学”的丰厚意蕴。

三、学生活动方式及活动状态

言语交际活动强调的是交际对象的互动交往，因此，口语交际教学要让每一个学生真正交际起来，这也是观察一节口语交际课成功与否的重要指标。在本课教学中，于老师非常注重培育学生的对话意识，和教师对话，和同伴对话，和自己对话，和社会生活对话。言语表达训练由浅入深，学生的思维随之经历了一个不断探寻、不断思考、不断发现的过程。在这个过程中，“如何写便条”“如何把制作过程按步骤写清楚”的认知结构清晰形成，言语表达能力得到提升。

四、学生活动参与度与目标达成度

于老师尤其善于调动学生的学习情绪，围绕“写便条”“写制作过程”，同伴之间相互练习，认真倾听。课堂上，于老师让每一位学生动起来，让他们真正交际起来。学生联系生活经验掌握了写便条和写糊信封过程的方法、策略，学会了清楚地表达，学会按步骤写制作过程。一节课学生学得生动，学得轻松，学得扎实，学有所得，学有所成，学有所用。

（徐州市鼓楼小学　张晓辉）

专家评点

在情境中把事情说清楚

于老师的口语交际课，有一个很大的特点：善于设计交际情境。何谓情境？有教育学家是这样界定的："情境是指为了完成某个既定任务，要由某个人或某群人加以联结的一组背景化的信息"，它主要是由"背景"和"问题"构成的。"背景"指一些已知的信息和条件，"问题"指学生要完成的任务。

就《糊信封》这个课例而言，已知信息是糊信封的具体操作是怎样的，这是"背景"。如何把糊信封的具体操作说清楚，这是"任务"。

为了让学生很好地完成这个口头表达任务，于老师利用手工课的资源，让学生先上完手工课，学会糊信封，进入真实背景进行了个人体验。针对学生的个人体验，趁热打铁，再把"如何糊信封"的操作过程说清楚。

于老师为了让学生们说得清楚，先让学生们在情境中体验并学会糊信封，然后再口头表达的时候边做边说，这是进一步创造情境，在情境中学习。比利时教育学家罗日叶认为，能力的形成关键在于情境的开发。于老师的口语交际课都会巧妙地开发和设计情境，让学生在情境中养成能力。

在完成"如何糊信封"的口头表达任务时，于老师也为同学们设计了学习支架。首先于老师提了一个关键性的问题，"如何糊信封，分几步？"这个问题使学生可以理清表达的逻辑，按操作步骤说。在每一步骤中，于老师又通过角色扮演的方法，自己充当"学徒"，学生扮演“教师”，把每步中的具体行动以及为什么这样做的理由说清楚。在和学生一对一地互动后，于老师又让全班学生一起相互说，最后把说出的要领总结出来，加深学生印象。

把做一件事情的操作流程描述清楚，对一年级的小朋友来说，是一项具有一定难度的任务。于老师通过巧设情境，巧用手工课的资源，让学生在操作中进行口头表达活动，这是真正的“生活式的口语交际”。

（江苏师范大学　魏本亚）

6

《问路　指路》课堂实录与评析

课堂实录

师：小朋友们个个脸蛋红扑扑的，多么可爱呀！知道我姓什么、是从哪儿来的吗？（小朋友有的摇头，有的说不知道。）我姓于，叫于永正（说完在黑板上写下自己的名字），是从江苏来的。今天中午放学回家，如果家长问你，今天谁给你们上语文课了，这位老师姓什么，叫什么，是从哪儿来的，你会说吗？——谁说说看。

生：今天上午是于老师上的（师纠正：今天上午的语文课是于老师上的）。今天上午的语文课是于老师上的，于老师是从江苏来的。

师：他叫什么名字？

生：叫于永正。

师：家长不问，谁能主动地向家长说说？看谁能说清今天的语文课是谁上的，谁记得我的名字。

生：妈妈，今天上午，语文课是于老师上的，他叫于——（师插话：我叫于永正。笑声。）他叫于永正，是从江苏来的。

师：你记得牢，说得好。

小朋友，下课以后，我想找你们的校长，不知你们校长姓什么，叫什么名字？

生：校长姓王，叫王校长。（笑声）

（没有一个小朋友能说出王校长的名字。）

师：王校长的办公室在哪里？

生：一进大门往这边走。（边说边用左手一指）

师：是向左拐？

生：于老师，下课我带你去。

师：多么热情的小朋友，感谢你！还有愿意带我去的吗？（小朋友纷纷举手）

这么多小朋友，下课要带我去找校长，这叫“带路”。多数情况下，被问的人是不可能带路的（除非路很近），一般都是指路——告诉在什么地方，怎么走。（板书：指路）今天这节口语交际课叫“指路”。课本中有一段对话，请大家读一读，看看谁为谁指路。

（课本中的对话如下，略）

读一读下面的对话，再演一演。想想看，当有人向你问路的时候，你应该怎样说，怎样做。（学生自读）

师：谁给谁指路？

生：小华给解放军叔叔指路。

师：谁来读读这段对话？

（一男生读。老师做了指导，告诉小朋友解放军叔叔应以什么语气问，怎样问才叫“有礼貌”；小华应当怎样回答，怎样说才叫“热情”。因小朋友有些胆怯，于老师领读了一遍。）

师：我想请两位小朋友分角色读。谁愿意当小华？谁愿意当解放军叔叔？

（指定一男一女分角色读对话。在读的过程中，于老师又做了指导，最后读得比较好。）

师：现在请同位的一位当解放军，一位当小华，练一遍。尽量不看书，看谁能把书上的话记下来，也不一定全要照书上的说。（小朋友兴致勃勃地练习。）谁愿意到前边来演练？

（一女生背着书包，一男生头戴一顶解放军帽——于老师事先准备好的。小朋友看了哈哈大笑，然后进行演练。效果较好。）

师："问路"时怎样问，人家才会告诉你？

生：要有礼貌。

师：对，没有礼貌，人家就不高兴理你了。南宋岳飞手下有一员大将叫牛皋，一天他向一位老年人问路，大吼一声："老头儿！到小校场怎么走？"结果可想而知。他这样没有礼貌，谁理他呀！还有，问，一定要慢一点，声音大一点，让人家听清楚你打听什么地方。小朋友，如果别人问到你了，你应该怎么回答呀？

生：要热情。

生：还要把路说清楚。

师：对，指路要清楚——对方问的地方在哪里，怎么走法，要让人家听明白。如果你有时间，而且路又不远，对方又可靠，你也可以带路。——下面，咱们试一试好吗？刚上课时我说了，下课后，我找你们的校长，谁来告诉我校长室怎么走？

（一男生到讲台前，于老师和他耳语了一番，看来是在做些必要的交代和提示。）

师：（手里提着个包，像是从外面来的客人）小朋友，请问你们的校长室在哪里？

生：伯伯，您找谁？

师：我要找你们的校长。

生：您是从哪儿来的？找校长有什么事？

师：（对全班同学）看，他盘问起我来了！（笑声）小朋友，我是从江苏来的，叫于永正，我是来给你们上课的，想对校长说一声。

生：有介绍信吗？（笑声）

师：（对全班同学）警惕性还蛮高的呢！（笑声）小朋友，请相信我，我绝对不是坏人。你们的班主任认识我，不信，你问问她。（笑声，坐在后排听课的班主任微笑着点头。）相信了吧？

生：校长室在校园的前面，我带您去吧！伯伯，我给您提着包。（掌声）

师：谢谢。——不过咱们现在不能走，走了，谁给你们上课呀！（说完，将提包放在讲桌上，生笑。）

师：大家评评，这位小朋友表现怎么样？

生：他很热情。

师：从哪儿看出来的？

生：他要为您带路，还要为您提包。

生：他说得很好。

生：他很会问。

师：是呀，他不轻易相信我，因为我是个陌生人。一般来说，陌生人只是问路，不会有问题的；如果还问你别的，对你说别的事，你们可要多长个心眼儿哟，不要轻易相信陌生人的话，要学会保护自己。

——小朋友，下午我准备到你们青稞酒厂去一趟，可是不知道路，谁愿意替我问一下？你们知道酒厂在哪儿吗？知道？好，这样吧，同位的互相练一练，一个当于老师，一个当被问的人。（学生练

习）

师：谁到前边来替我问？

（一女生到讲台前，于老师又对她耳语了一番。）

师：（对女生）如果你问的是一位小朋友，该怎么称呼，怎么问？

生：（对一位小朋友）请问小朋友，到青稞酒厂怎么走？

小朋友：不知道。（笑声）

师：这位小朋友先说声“对不起”就更好了。——再试一试。（重新演练，被问的小朋友先说了声“对不起”，再说“不知道”，全班大笑。）

师：那就再问大人吧。

生：（该生走到一位女老师跟前）请问阿姨，到青稞酒厂，怎么走？

阿姨：出了校门往前走，一条公路直达酒厂。

师：再问问有多远。

生：阿姨，有多远？

阿姨：不远，大约走半个小时吧。

生：谢谢阿姨。（掌声）

师：下午我去青稞酒厂，怎么走我清楚了。谢谢小朋友，谢谢这位女老师。

生：不用谢。

师：小朋友，问路、指路、带路，在日常生活中是经常发生的，通过今天这节课的练习，你今后需要问路或者别人问到你的时候，相信小朋友都会知道该怎样说，该怎样做了。

教师观察

一、目标的确立与教学内容的选择

《问路指路》是苏教版一年级下册口语交际的内容，于老师将本课的教学目标确立为引导学生联系生活掌握问路、指路的方法、策略。为了达成这一教学目标，于老师选择了以下教学内容：一、创设情境，引入交际话题。上课伊始，通过师生问候把学生带入“指路”的情境，营造了轻松、快乐而又真实的交际场。二、学习掌握问路的方法、策略。利用教材中的插图和教师创设的情境，引导学生在言语交际过程中掌握问路、指路的方法。其间，于老师指导学生在交际活动中通过比较与辨析，明白问路指路时不仅要把话说清楚、态度要热情，还要有自我保护的意识。本节课的教学目标凸显口语交际特性，指向明确，操作性和实践性都很强。教学内容紧紧围绕教学目标，贴近学生的认知规律，着眼于学生的发展，使知识转化为学生的能力，内化为语文素养。

二、学习活动开展与教师助学

这节课上，于老师在恰当的时机发挥好引导的作用——“示弱”和“用弱”。于老师尽可能将自己的“有”藏起来，示学生以“无”，使学生不等、不靠、不依赖，自己设法解决问题。在教学过程中，于老师因势利导，顺水推舟，帮助学生在教师的“无”中生出自己的“有”来。

老师的指导有许多“高招”：一是有梯度地布置有挑战性的学习任务。先是练习书上的插图，然后现场生成对话资源；二是采取对学生的回答使用追问的策略。如想想怎样说才叫“热情”“有礼貌”，适当的追问和讨论，引起学生兴奋紧张的智力活动，让他们享受智力活动的乐趣，在智力活动中实现原有经验的改造，从而一步步地完成“登山”的任务。

三、学生言语交际活动的状态及学习方式

于老师是每位儿童的“知音”，他尊重儿童，了解儿童。课堂上，于老师通过创设交际环境，让每一个学生都有说话的机会，都有说话的内容，都有说的兴趣，主动积极地参与口语交际；培养学生敢说的胆识，督促学生养成良好的听说态度和语言习惯；让学生掌握口头表达的基本技巧，提高口头表达的信心，感受表达的快乐，从而达到提高学生口语交际能力的最终目的。课堂上，学生们经历了由知识转化成能力的三个发展阶段：首先，外部的知识信息经过了主体的主动吸收、自主建构，建立起神经暂时联系，实现知识的“主体化”；其次，经过实践、练习和运用，实现智力技能的熟练化；最后，经过丰富多样、灵活多变的反复实践，形成个体心理特征的稳定化和知能结合的自动化。在这个过程中，学生习得了真正的语文能力。

四、学生参与度与目标达成度

在“课堂热身”时，于老师亲切地向学生问候并进行自我介绍，幽默的谈吐很快拉近了与学生的距离，课堂气氛顿时活跃起来。整节课，于老师引导学生听、说、看、想，用多种感官调动学生的思维。口语交际是一种表达，表达需要驱动，需要教师的引导。在学习问路指路策略的环节中，于老师遵循学生语言的发展规律，鼓励学生进行自我创造，为学生提供相互交流的机会，力求使不同类型不同层次的学生都能进行表达。这主要体现在两个方面：一是有对象的情境表达。学生的表达需要有倾听的对象，教师创设的情境贴合学生实际，鲜活生动，符合低年级学生的年龄特点。于老师通过师生互动、生生互动为学生提供表达的情境，让学生在课堂上完全没有了陌生感与惧怕感，营造了一种轻松的氛围。在快乐的氛围中，学生积极地说，入情地演，口语交际的训练自然地融入教学环节中。二是有综合的语言运用。进行口语交际时，学生在交际中将自己内化的语言与原有的语言进行有机结合，促进了语言的发展，很好地达成了教学目标。

（徐州市星源小学　满田田）

专家评点

在角色扮演中提升学生的言语交际能力

一年级的小学生在本课学习中学得轻松，学得有趣，这得益于于老师对学生学习心理的了解。他深谙小孩子的心理活动特点，采用契合学生认知规律的教学手段——角色扮演，营造了言语交际的学习场，有效地促进了学生的言语发展。

角色扮演是个体处于一定的地位上并产生与此地位相适应的行为模式的过程。本节课，老师不断设置一些情境，多次运用角色扮演法，了解学生的原有认知经验，帮助学生逐渐丰富“带路”“指路”的思想认识和言语储备，使学生从“说不清”到“说清楚”，从“想不全”到“想周全”，言语表达的能力得到了提升。由于于老师在运用角色扮演法的过程中精心设置了与现实生活类似的学习情境，并不断地以问题导引学生的活动，学生浸润其中不仅学到了真实、典型的交际态度，还在情境与现实生活的比较中，很好地建立了交际活动中的自我防范意识，习得了科学、合理地带路、指路的方法。

在运用角色扮演法的过程中，于老师特别注意发挥“演”与“观”的互促作用——“演”的示范、引领，“观”的补充、完善。整堂课，角色扮演犹如一条纽带，将个体经验融入到群体交际智慧中，以群体交际智慧带动个体言语的发展，呈现了儿童学习、生活一体化的教学境界。

于老师的教学实践告诉我们，口语交际教学中用好角色扮演法，学生的言语表达会有很大的提升。

（江苏师范大学　魏本亚）

7

《送、还东西》课堂实录与评析

课堂实录

师：小朋友，这是什么（师指自己的嘴）？

生：（齐声说）嘴！

师：嘴有什么用？它能干什么？

生：嘴能吃饭。

师：对。没有嘴，我们就没有办法把好吃的东西嚼碎，再咽到肚子里去；鼻子不行，眼更不能吃东西。（生笑）嘴还有什么作用？

生：嘴还能喝水、唱歌。

师：你肯定是个小歌手，爱唱歌。

生：嘴还能读书、说话。

师：如果你患感冒，鼻子不透气，嘴还可以——

生：还可以用嘴喘气！（生笑）

师：看来，嘴的作用还真多。如果于老师没有嘴，就无法和你们说话。我要请你站起来，没有嘴，这个意思就无法表达出来。（说完，于老师作了演示：嘴巴紧闭，从鼻子里发出含糊不清的声音。生大笑。）小朋友，两个人，或者几个人，一起谈话就叫“对话”（板书：对话），对话就是口语交际。谁愿意和于老师对话？（几个小朋友举手。于老师请其中一位到讲台上。）

师：请问你叫什么名字？

生：郭静静。

师：你一定很文静，既不爱说话，又不喜欢活动，对不对？（一位小男孩站起来说：“不是的，她又爱说又爱劳动！”生笑。）那就改名叫郭爱动——爱活动，爱劳动。（生笑）请问郭静静，你喜欢吃什么？

郭：（思考了一会儿）喜欢吃包子。

师：素的还是荤的？就是爱吃肉馅的，还是爱吃菜馅的？

郭：爱吃肉馅的。

师：爱吃什么水果？

郭：爱吃苹果。

师：我说你怎么长得这么漂亮！脸蛋白里透红。（生笑）郭静静，你也可以问我。想想看，想知道我什么。

郭：于老师，请问您喜欢吃什么？（生笑）

师：郭静静多懂礼貌啊！我呀，也喜欢吃苹果。我的老家在山东烟台地区，那里出苹果。你没发现我的皮肤也白吗？和你一样，都是吃苹果吃的。（生笑）小朋友，我们俩的对话都听到了吗？和别人说话，第一，要大方，有礼貌，眼睛看着对方；第二，说话要清楚，说得不要太快，让对方听明白。——请看小黑板上的一段对话（师出示小黑板，让学生自己读一读）。

> **学生**：王老师，我可以进来吗？
>
> **老师**：请进。于小明，你找我有事吗？
>
> **学生**：王老师，您借给我的这本《童话故事》我读完了，现在还给您，请您收下。
>
> **老师**：这本书你喜欢吗？
>
> **学生**：喜欢。我三天就把它读完了，还把里面的故事讲给奶奶听呢！
>
> **老师**：书是我们的好朋友，我们要多读书，读好书。
>
> **学生**：谢谢王老师！再见！
>
> **老师**：不客气，再见！

师：读了之后，你知道了一件什么事？

生：于小明到办公室还书。王老师告诉他要多读书，读好书。（师板书：还书）

师：他们有礼貌吗？

生：（齐声）有！

师：请再读两遍，同位的一个当王老师，一个当于小明，把这段对话练习一遍。（学生读。同桌练习。最后又指定两位小朋友到讲台前练习。）

师：（很高兴地）小朋友练习得真好。话说得清楚、明白，表情也自然，看来都会还东西了。下面，我想请同学们帮我做一件事，不知大家愿意不愿意？

生：（齐声）愿意！

师：你们的班主任马老师牙疼，我这儿正好有治牙疼的药，想请你们送给马老师，行吗？（拿出一袋药）听清楚，这种药，一天服三次，一次服一片，饭后半小时用温开水送下。疼得厉害时可以一次服两片。——记住了吗？谁来把药送给马老师？（师板书：送药）

（学生纷纷举手）

师：送药一定要把怎样服药讲清楚，不然会出事的。大家把刚才我讲的话想一想，并自己小声说一说。

师：见了马老师先说什么？都想一想，同位交流一下。（同位讨论，互相说。）谁站起来说一说？

生：马老师，这是于老师送给您的药，是治牙疼的药。

师：基本可以。谁还说说？

生：马老师，于老师听说您牙疼，叫我给您送药来了。

师：说得很清楚。——下面接着说什么？

生：告诉马老师，怎么服药。

师：你说说看。

（小朋友又把于老师刚才交代的话说了一遍。个别说得不明白的地方，于老师又作了补充。）

师：请同位的同学，一个当马老师，一个当送药的同学，练习说一遍，要做到既要说清楚，又要有礼貌。（全班小朋友练习，气氛很活跃。）

师：下面请个同学先送给我试一试，我当一回马老师。（生笑，因为他们的马老师是女的。）

（一生到讲台前，于老师递给她一包药。）

生：（对“马”老师）马老师您好！

师：你好！小朋友，找我有事吗？（于老师左手托着腮帮，装成牙疼的样子。学生大笑。）

生：于老师听说您牙疼，叫我给您送药来了。（说完，将药递给了“马”老师。）

师：谢谢于老师！于老师可真是个好人啊！（生笑）这药怎么个吃法？

生：于老师说，一天服三次，一次服一片，如果牙疼得厉害服两片。

马：什么时候服？

生：饭后半小时服，用温开水送下。

马：用热水不行？

生：（笑）热水会烫您的嘴的！（生笑）

马：我怎么把这碴儿给忘了！可能牙疼把脑子疼出毛病来了！（生大笑）小朋友，谢谢你和于老师。

生：不用谢。于老师，不，马老师再见！（笑声）

马：（左手捂着腮帮）小朋友再见！我这就服上两片。

师：小朋友，马老师正在办公室里，下课后谁愿意给马老师送药？

（于老师选了两个小朋友下课到办公室去）

师：小朋友，课就上到这里。谁还想对我说点什么吗？

生：于老师，您上课真有意思，希望您多给我们上课。

生：于老师，您能调到我们学校就好了。

师：就不知道你们的安校长要不要我。

生：（齐声）要！

师：你们这么好，又这么会说话，真了不起！谢谢大家！

（徐州市鼓楼生态园小学　李燕整理）

教师观察

一、目标的确立与教学内容的选择

《送、还东西》是于老师执教的二年级的一节口语交际课，于老师将本课的教学目标确立为：在送、还东西时，能把事情说清楚，让对方听明白，态度大方有礼貌。对于二年级的学生来说，这样的教学目标制定是非常恰当的。为了达成教学目标，于老师选择了如下教学内容：一是教给学生还东西时，要把话说清楚，让对方听明白。于老师直接呈现了一段还东西时的对话，通过对话练习，教师点拨，让学生明白此次口语交际的基本要求。二是创设一个真实的送药品的口语交际情境，让学生真实地体验送东西的口语交际过程，在教师点拨、评价、指导的过程中，学生真正掌握了送东西的交际方法和策略。

真实、诚恳是口语交际的第一要义，也是口语交际教学的第一要义。(王荣生:《听王荣生教授评课》)于老师从学生的生活经验出发，选择了贴近学生生活的具体话题，创设了真实的交际情境，以求学生真实、诚恳地进行口语交际。送东西、还东西，是学生在日常生活中经常发生的事件，是学生必须掌握的交际策略。于老师让教学内容来源于生活，创设给马老师送药的真实情境，把学生带入到真实的交际情境中，这种教育是无痕的，也是最真实有效的。

二、学习活动开展与教师助学

于老师这一课的教学策略是先扶后放，让学生循序渐进地掌握口语交际策略。还东西的教学环节，直接出示一段对话，让学生模拟情境练习，在老师的点拨下，初步体验还东西时要把话说清楚，讲明白，同时还要态度自然大方有礼貌。送东西的教学环节，于老师就放手给学生自己尝试。把学生带入真实的交际情境后，让学生带着真实的交际目的，同桌扮演送药的学生和马老师练习对话，于老师不时地进行评价、点拨，然后于老师扮演马老师，再次进行指导，让学生在反复练习、体验的过程中，逐步掌握“说清楚、讲明白、有礼貌”的交际策略。这个过程中，学生要说哪些话，要怎样说，都是根据老师创设的情境自己创造的。

三、学生的学习方式

于老师在设计口语交际活动时，尽量为每个孩子提供机会，使每个孩子都能在活动中有所体验。这节课上，于老师安排的学习活动丰富多样，每次都力求让全体学生全部参与到学习活动中，时时刻刻注意面向全体。有自读思考，有同桌扮演，有师生交流，让学生与自己对话，与文本对话，与同学对话，与老师对话，与生活对话，在师生共同参与的多维对话中，在形式多样的口语交际实践活动中，掌握交际策略，达成教学目标。

四、学生参与度与目标达成度

由于于老师设计了真实的交际情景，学生产生了真实的交际需要，并且时时刻刻注重面向全体学生，给所有学生练习的机会，所以这一课学生情绪饱满，积极投入，学习热情高，思维活跃，人人参与学习活动，个个有体验和收获。

于老师的这节口语交际课，与语文课程标准所倡导的“努力选择贴近生活的话题，采用灵活的形式组织教学”，与专家所要求的“强调以贴近生活的话题或情境来展开口语交际活动，重视日常生活中口语交际能力的培养”（方智范:《关于语文课程目标的对话》）精神一致。

于老师的这节课，给了我很多启发。一是教师要有强烈的课程资源开发意识。我们在确定口语交际教学内容时，不要局限于教科书，要具有课程开发意识，很多生活中的资源都可以为口语交际课所用。课程标准提出了口语交际的教学目标，但是如何做却没有详细说明和解释。教科书中口语交际活动的目的、活动的规则、语境的设置、活动的展开步骤和所应用的工具都未进行明确的说明，导致教师在口语交际活动的设计时没有可参考的依据，盲目性比较大。我们在进行口语交际教学时，不必受教材所限，要创造性地使用教材，整合各种资源对教材进行二度开发。二是对于来源于日常生活的口语交际活动，要防止过度日常化的现象。口语交际内容的选择既要来源于生活又要高于生活。如果我们的学生在口语交际课堂里所说的话，都是在平常生活中会说的话，口语交际教学就失去了意义。送、还东西，低年级的学生容易出现的问题，一是不能把事情说清楚，经常遗漏关键信息，二是态度不够自然大方，不注重文明礼貌。于老师的这节课，并不是简单地把日常的生活情景搬到教室里来活动一番，而是对学生的口语教学行为进行了规范，让学生在原有的口语交际水平上有了提高。三是要把口语交际知识融于教学实践活动中，课程标准要求“不过多传授口语交际知识”，指的是不能就术语教术语，应该在教学中将程序性、策略性知识在实际的交际过程中，通过学习活动让学生掌握，教师要做到“心中有知识，口中无术语”。

（沛县曙光小学　　盖莺英）

专家评点

口语交际中语言技能与非语言技能的训练与培养

汉语是我们的母语，所有的学生在走进口语交际课堂之前，都已经具备了一定的口语交际能力。面对这种情况，小学低段的口语交际课应该教什么内容呢?

如果只是把日常生活中学生经常面对的交际情境搬到课堂上，让学生再按生活“演练”一番，那么口语交际课就没有学的必要了。口语交际课的目标是培养学生应该形成，而在日常交际情境中又无法自然习得的能力。

送、还东西是小学二年级的学生经常遇到的交际情境，如果教学目标定位不当，就会造成可上可不上的后果。于老师这堂课的教学目标定位很清晰：第一，要大方，有礼貌，眼睛看着对方；第二，说话要清楚，说得不要太快，让对方听明白。

口语交际中，根据说话者需要调动的资源的性质，可以把说话者的能力分为语言技能和非语言技能。语言技能主要指词汇、语法、语速、语音等与语言直接相关的技能；非语言技能指在语言表达过程中伴随语言的眼神、表情、姿势等技能。在自然情境中，学生的语言技能会得到突出关注，而非语言技能却会受到忽视。于老师的这堂课的第一个目标，就是针对学生的非语言技能的培养进行的。“说话要大方，有礼貌，眼睛看着对方”这样的非语言技能在交际中具有非常重要的作用。有心理学家的研究证明，非语言技能传递的信息在交际中更受关注。于老师把目标定位于培养和训练学生的非语言技能，体现了于老师独到的眼光和目标定位能力。

汉语是母语，学生从小受到母语环境的浸染，还因为经过大量的口语实践，小学生的语速会偏快。语速偏快，就会说不清楚，而忽视了交际中另一方“听”的感受。于老师的第二个目标定位于语速的调控，让学生在交际中考虑到对方的感受，这也是在自然习得语境下容易犯的说话语病，于老师在课堂中有针对性地训练，是基于学生学情的准确判断。

于老师的教学方法也是相当灵活的。课堂中，小朋友们或互相练习，或师生角色扮演练习，最后还“实战”进行，丰富多样的活动形式大大提高了学生的学习兴趣。

（江苏师范大学　魏本亚）

8

《学一点问的本领——采访》课堂实录与评析

课堂实录

（上课，于老师拿着用大红纸写的一封表扬信走进教室。）

师：同学们，这是朱校长昨天收到的一封表扬信。（说完将信张贴在黑板上。）

表扬信

尊敬的校长：

4月14号下午，我母亲心脏病突然发作，幸亏被周老师发现，及时送到医院抢救脱险。我们全家人对周老师感激不尽！这也是校长领导有方，我们一并向您表示感谢！请您在全校教师会上对周老师进行表扬，让助人为乐的崇高美德发扬光大！

此致

敬礼！

陈美丽

1987年4月26日

师：大家读一读，看看是谁写给谁的表扬信，表扬的谁，为什么表扬。(学生自由读)

生：是陈美丽写给校长的表扬信，表扬周老师。因为陈美丽的母亲心脏病犯了，周老师把她送到了医院，经过抢救没有危险了。

师：是这样的。陈美丽表扬的这位周老师不是别人，就是教我们数学的周老师！朱校长说，准备在明天的全校老师会上表扬周老师，但对这件事的具体情况还要了解一下。校长请我们班同学问问周老师，问清楚了，写下来，交给朱校长。怎么样？

生：(齐声)行！

师：周老师来了，你准备问什么？想一想再说。

生：我想问问周老师，您是在哪儿发现陈大娘的？您认识她吗？

生：周老师，您怎么知道陈大娘有心脏病？

生：周老师，您是怎样把陈大娘送到医院的？她家离医院远吗？

生：周老师，您的两个孩子中午怎么吃饭呢？

师：大家对周老师很了解，知道她有两个上初中的孩子。——还想问什么？

生：当时还有别人在场吗？他们帮忙了吗？

生：陈大娘住了几天院？

师：大家提了不少问题，多数问题提得好，应该问，应该了解；个别问题无关紧要，例如陈大娘住了几天院，问不问没有多大关系。为了不忘记，大家可以把刚才提的问题记下来。问的时候要注意三点：1.问的时候要有礼貌，等对方把一个问题说完了，再问第二个问题，尽量不要打断对方的话；2.在问的过程中，如有新的问题，可以随时问，或者记下来，等对方说完了一个问题再问；3.听的时候要专心，必要时要作点记录。——朱涛，请到办公室把周老师请来。(一会儿，学生把周老师请来了。）

师：周老师，咱们班同学看了陈美丽写的表扬信，被您的精神感动了，很想了解一下事情的详细经过，希望您能满足同学们的要求。

周：好的。不过，我只是做了一件我应该做的事，没有什么好谈的。

师：不要谦虚。

生：请问周老师，4月14日中午，您是在哪儿发现陈大娘的？

周：我和陈大娘是同院。我们小学中午放学时间早一点，所以每天中午我先到家。14日中午我一进院，发现陈大娘躺在院内呻吟着，满头大汗，我就知道她的心脏病犯了。

生：您怎么知道她犯的是心脏病？

周：我和陈大娘是多年邻居了，知道她有心脏病。我立即从她的口袋里掏出"救心盒"，拿出药给她吞服下去。一会儿，她就舒服一点了。

生：您怎么知道该服什么药的？

周：我父亲也有和陈大娘同样的病，我懂得一点。

生：周老师，当时没有别的邻居吗？

周：只有张大娘在家，她在屋里，没发现。我找来一辆车，是张大娘帮我把陈大娘扶上车的。幸亏我们家离医院不远，不然还真危险。

生：到了医院，您一个人怎么忙的？

周：到了医院就抢救，打了针，挂上水，我才去挂号、缴费。没费多少事。

生：用的是您自己的钱？

周：我是先用自己的钱垫上的。

生：您的两个孩子那天中午是怎样吃饭的呢？

周：陈大娘挂上吊针之后，没过多久，陈美丽就赶来了。我看陈大娘病情较稳定，就回家了。回家一看，两个孩子早就在张大娘家吃过饭了。

师：周老师，您在学校里是位好老师，在大院里是位好邻居，在家是位好妈妈。

周：我刚才说了，我做的事，别人也会做的，小事一桩！

师：大家还想对周老师说点什么吗？

生：周老师，您真好！

生：周老师，耽误您的时间了。（同学们用热烈的掌声欢送周老师回办公室）

师：同学们，刚才的采访很成功。同学们问得好，听得好。通过采访，可以说，把周老师送陈大娘看病这件事了解得一清二楚了。这件事确实应该表扬。开始我说了，朱校长准备在全校师生大会上读读陈美丽的表扬信，并把这件事向老师们说一说。趁热打铁，我们现在把这件事写下来，选一份送给朱校长。好不好？

生：（齐声）好！

生：我觉得不写也行，我们派一个人到校长室告诉朱校长。（众笑）

师：你不想写，是吗？（笑声）

生：不是不想写，我觉得不需要写。

师：你说得很有道理。我看这样，咱们现在练习说，看谁能把周老师送陈大娘看病这件事讲得有头有尾，就请他到朱校长那儿去说！（学生喜形于色）

师：有两点要说准确：时间、地点，大家先小声说一遍。（学生

积极练说）

师：谁来说一说？（多人举手）

师：请房柯说说看。注意，你是对朱校长讲话。

房：朱校长，周老师送陈大娘看病是这样的。（师插说："看病"后面再加上"这件事"三个字。）4月14日中午，周老师放学回家，一进院，看见陈大娘倒在院子里。（师插说："倒"字用得好。）陈大娘满头大汗，痛苦地呻吟着。周老师一看，知道陈大娘的心脏病犯了，（师插话："一看"可以去掉。）连忙给她服了药，找来一辆车，把陈大娘送到医院。经抢救，陈大娘脱险了。陈美丽非常感谢周老师。

生：应当加上一句：周老师用自己的钱给陈大娘挂号、买药。

师：这一点不能少。

生：我认为，最后还要说具体一点：陈美丽知道后，（师插话：陈美丽知道母亲犯病去医院后。）立即赶到医院。她一看母亲已经脱离了危险，握着周老师的手说："谢谢您！周老师！"——朱校长，这就是周老师送陈大娘看病的经过。

生：也可能陈美丽握着周老师的手，半天说不出话来。（众笑）

师：完全有可能！你们很会想象，而且想象得合情合理。这样吧，下节课就请房柯和徐晴（刚才补充的那位学生叫徐晴）到校长室，把这件事告诉朱校长。（众笑）（事后，于老师还是让学生以《好邻居》为题，把这件事写了下来。理由是：学校广播室要广播稿，要播送。）

（徐州市中山外国语实验学校　王芳整理）

教师观察

一、目标的确立与教学内容的选择

《学一点问的本领——采访》是于老师自编的一节口语交际课的题目，于老师将本课的教学目标确立为引导学生在现实生活中学会“问”的本领，提高“问”的能力，引导学生要有礼貌地问，要问得得体。为了达成这一教学目标，于老师选择了以下教学内容：一，他抓住本班数学老师做了一件好事，被救者家属写来表扬信这一契机开始教学。用表扬信导入，形式新颖，独具匠心，既能迅速地集中学生的注意力，又能有效地激发学生的学习愿望。二，他让学生看过表扬信后，提出了任务：“朱校长说，准备在明天全校老师会上表扬周老师，但对这件事的具体情况要了解一下。校长请我们班问问周老师，问清楚了，写下来，交给朱校长。”在任务的驱动下，开启言语交际的活动。三，巧设情境，激发表达的情感。于老师还请来了周老师，让学生像记者一样提问。实践表明：学生的学习兴趣、动力为第一个交际情境所激发；而第二个交际情境则切切实实地提高了学生的口语交际能力。口语交际教学的外延与生活的外延相等。在教学中，我们要打破课内课外的壁垒，不拘泥于教材，把口语交际的课堂延伸到学生广阔的生活天地之中，让学生在生活化的口语交际情境中切实提高口语交际能力。这是这节课带给我们的启示。

二、学习活动开展与教师助学

于老师口语交际课的每个环节都在为提升学生口语交际的能力服务。课堂上，老师尊重学生，平等地和孩子们交流，耐心地听取他们的发言，锻炼了学生把话说完整、说具体的能力，使学生养成了良好的交际习惯，在发展学生思维的同时，学生的倾听、表达能力也得到相应的提高。同时，整个交际过程中，通过老师的评议，老师的即时示范、点拨、指引，规范和发展了低年级学生的口头语言，提高了学生的口头表达能力。

三、学生活动方式及活动状态

于老师十分注意口语交际的情境创设，从表扬信到采访指导，过渡自然，衔接周密。教师短短的几句过渡语，就使学生形成了“非问不可，非写不可”的探究需要。他还请来了周老师，让学生像记者一样提问，全面了解事情的具体情况。在引导孩子如何采访的过程中，于老师以问助答，“周老师来了，你准备问什么？想一想再说。”安排学生准备提问，既能发现不足，便于教师及时指导，又是正式采访前的一种演习。教师细致地帮助学生们梳理要点，“为了不忘记，大家可以把刚才提的问题记下来。问的时候要注意三点：1.问的时候要有礼貌，等对方把一个问题说完了，再问第二个问题，尽量不要打断对方的话；2.在问的过程中，如有新的问题，可以随时问，或者记下来，等对方说完了一个问题再问；3.听的时候要专心，必要时，要作点记录。”在整节课中，老师的方法指导顺势而出，教学无痕。于老师在课堂上呈现的是真实的生活情境：以真人为对策，以真事为内容，学生在教师的指导下，展开了真实的交际活动。于老师以周老师做好事这一真实事件为背景，创设了两个交际情境：第一，校长请学生了解周老师的优秀事迹。这一情境为“问”提供了契机，具有真实性，能充分地激发学生的交际兴趣，而了解老师的优秀事迹又是一个具有实际意义的情境，为学生进行积极有效的口语交际提供了可能。第二，创设采访周老师的教学情境。这一情境为“学一点问的本领”创造了条件。一问一答是采访的基本形式，在“采访”的真实情境中，学生运用问的方式了解事情的具体情况，也学会了“问”的方法，提高了“问”的能力。由于这是一个基于真实事件的情境，学生的交际动机是自觉的，课堂上呈现的是真真切切的交际生活。

四、学生活动参与度与目标达成度

于老师在教学中，始终把学生放在第一位，他教态温和亲切，始终面带微笑，使学生在交际中心理比较放松，能实话实说，敢说愿谈。赞扬是激发学生兴趣的法宝。在他的课堂上，时刻注意面向全体，让更多的孩子参与到课堂教学中来，全面提高课堂效益。课堂不是一个或几个人唱独角戏，而是“允许插话，都要参与”。在他的鼓励下，孩子们不再拘谨。课堂上，于老师尊重学生，平等地和孩子们交流，耐心地听取他们的发言，锻炼了学生把话说完整、说具体的能力，使学生养成了良好的交际习惯。老师的亲切随和一下子缩短了师生之间的距离，使孩子们想说，要说，敢说，使他们体会到成功的乐趣。纵观整堂课，没有一个学生不是积极参与的。于老师始终微笑着面对学生，始终以激励的话语和学生交流。他对学生说：“你说得很有道理”“同学们，刚才的采访很成功。”“同学们问得好，听得好！”孩子们在这样一位老师面前，开启了心智，敞开了心扉，畅所欲言，欲罢不能，学得轻松，学得开心！

（徐州市鼓楼小学　李娜）

专家评点

交际情境的正面价值导向

在具体的交际情境中训练学生的言语交际能力是于老师的口语交际课最突出的特点。在《学一点问的本领》这个课例中，这一点也极为突出。

这个课例主要是培养学生如何做简单的采访，教学目标有三个："1.问的时候要有礼貌，等对方把一个问题说完了，再问第二个问题，尽量不要打断对方的话；2.在问的过程中，如有新的问题，可以随时问，或者记下来，等对方说完了一个问题再问；3.听的时候要专心，必要时，要作点记录。"这三个目标可以简单地概括为：一，问时要不打断对方；二，问时要说完再问；三，问时要记录重点。简单采访的三个能力贯穿在同学们都熟悉的人物——周老师所做的一件好事上。

进行简单采访是一项交际任务，进行这样一项交际任务的话题可以有很多个，于老师为什么要选周老师所做的一件事情作为交际话题呢？先看周老师做了一件什么事。从同学们采访的内容可以看出，周老师把一位突发心脏病的陈大娘及时送到了医院，挽救了她的生命。这是发生在同学们身边的一位救人为乐的好事，把这样的好事作为交际话题，对同学们的精神具有正面的价值导向作用。

教育的职责既是培养学生的能力，也是培养学生健全美好的人格。优秀的教师不会只培养学生的技能，而忽视学生人格的培养和教育。于老师是一位非常优秀的老师，在他的口语交际课中，从来都是既注重培养学生的语言技能，又注重培养学生的道德品质。于老师选择的口语交际话题往往都蕴含着正面的价值导向，于润物细无声中给学生以品德上的影响。

任何交际情境都是隐含着价值导向的。把交际情境放在真善美的背景中，还是放在假丑恶的背景中，会对学生产生不同的影响。一个着眼于学生"整体发展"的教师，会非常重视交际情境的价值导向。

（江苏师范大学　魏本亚）

9 《双人伞》课堂实录与评析

课堂实录

师：小朋友，今天于老师请你们看一样东西。（说完，从提包里取出一把没有张开的伞）这是什么？

生：这是一把伞。

生：这是一把花尼龙伞。

师：是的，这是一把伞。（板书：伞）而且有的小朋友看出是一把尼龙伞。观察事物就要善于发现它的特点。你们注意看，这把尼龙伞和你们以前见的伞有什么不同？看谁最有眼力。

生：我发现，这把伞有两个伞顶。

师：这个特点被你抓住了。普通的伞只有一个。（板书：伞顶）

生：（继续说）普通的伞顶是尖尖的，这把伞的两个伞顶是圆的，像两个扣子。

师：是这样，很像两个钮扣。（举起伞让学生再看看）伞把和普通的伞把有区别吗？（板书：伞把）

生：这把伞的把比一般的伞粗。

师：对！谁能看着黑板上的板书，把这把伞的特点说一说？

生：这把尼龙伞有两个圆圆的伞顶，伞把比普通的伞把粗。

生：这把花尼龙伞有两个特点，第一，它有两个伞顶；第二，伞把比较粗。

师：这样说，显得很清晰。这是没撑开以前的特点。撑开以后又是怎样的呢？（师按动按钮，伞自动张开。老师走到学生中间，让他们里外都看个清楚。）

生：伞撑开以后，伞面是椭圆形的，像个花乌龟壳。

生：像“忍者神龟”的壳。（众笑，当时，电视台正播放动画片《忍者神龟》。）

师：说得多形象啊！这是伞面的特点。（板书：伞面）其他部分有什么特点？

生：伞里边的那个（边说边用手指伞里面）跟一般的伞不一样，是分开的。

师：你说的“那个”是不是指这个？（师用手指伞骨。笑声。）

生：是的。

师：这叫伞骨。（板书：伞骨）普通的伞骨是不分开的，就像一朵花。这把伞的伞骨分开了，像什么？

生：像分成两半的花。

师：是这样。再看伞杆有什么特点。（说完，把伞杆拉长，然后缩短。）

生：这把伞的伞杆能长能短。（师板书：伞杆）

师：谁能把这把伞撑开后的特点连起来说一说？连起来说，有一定难度，先看着板书的词语练习一遍。

（学生看着板书的词语认真练习。然后指名说。）

生：这把伞撑开以后，伞面是扁圆形的，像个花乌龟壳。伞骨分成两部分，像分成两半的菊花。伞把能变长，也能变短。

师：伞把的特点能不能说得更简练一些？

生：伞把能长能短。

师：谁再说一说？

（学生纷纷举手，又指两名学生说，略。）

师：大家看看，这把伞有什么优点？

生：这把伞能两个人一起打，因为伞面宽。

师：对！两个人可以同时打。伞杆可长可短有什么好处？（一时无人举手。师把伞杆变短）大家看，缩短后什么人打着方便？

生：小朋友打着方便！

师：对！拉长呢？（说着，又把伞杆拉长。）

生：拉长，大人用起来方便。

师：这把伞的第二个优点是什么？

生：大人小孩都能用。

师：谁能连起来把这把伞的优点说一说？

生：这把伞可好啦！伞面宽，两个人能一起用。伞把能长能短，大人小孩用起来都方便。

师：说得不错。猜猜看，这把伞叫什么名字？（说完，把伞张开，请一位小朋友到讲台前，和老师一起站在伞下面。）

生：叫双人伞！

师：对的。（顺手在黑板上的“伞”字前面加上“双人”二字。）还应当在“双人”前面加个词儿。（说完，一按按钮，伞自动张开。）

生：自动双人伞！

师：对！前面再加上“自动”这个词儿。（顺手又在“双人伞”

前写上“自动”二字）你想不想有这样一把伞？

生：（齐）想！

师：怎么说，家长才能给你买？

生：向家长说说双人伞的样子。

师：样子很有特点，应当介绍；更重要的是介绍什么？

生：介绍双人伞的用处。

师：对！要介绍这种伞的优点，比普通伞好的方面，家长才愿意买。这是最重要的。它的好处，大家已经了解了。你们想想，家长还会问什么？

（一时无人举手）

师：要买这种伞，还必须知道些什么？

生：到哪儿去买？

师：对呀！不知道哪儿有卖的，怎么买呢？家长还会问什么？（又无人举手）买东西要带什么？

生：买东西要带钱。

生：家长还会问：这种伞多少钱一把？

师：可是，这两个问题你们知道吗？（学生们摇头）老师告诉你们：这种伞17元一把，比普通的伞贵5元。徐州市百货大楼独家经营——全市只它一家卖。现在，大家考虑考虑，回家以后怎么说。比一比，看谁说得漂亮，把家长说动心。

生：我回家打算这样对妈妈说：妈妈，请您给我买一把自动双人伞吧！这种伞可好啦！（师插话：“可好啦”三个字强调得好！表情也好。）这种伞是扁圆形的，（师纠正：伞面是扁圆形的。）能两个人一起打。伞把能长能短，大人小孩都可以用。

师：说得真漂亮！两个好处说到了。谁还有补充？

生：这种伞也不贵，每把才17元。

师：“才”字用得好！强调不贵。贵了，家长就要考虑考虑了。你真会讲话。

生：这种伞百货大楼有卖的。

师：这样就把问题说清楚了，谁还有补充吗？

生：最后说：妈妈，您赶快去，去晚了，就买不到了，买的人可多了。（众笑）

师：你真会虚张声势！（众笑）

生：我对妈妈说：买了这种伞，要是哪个小朋友下雨没带伞，我可以把他送回家。

师：你真是个好孩子！妈妈听你这么一说，准会高兴，别说17元一把，就是30元，也会给你买。（众笑）

师：还有要说的吗？

生：于老师，要是妈妈不信，我能把您的伞给妈妈看看吗？（笑声）

师。耳听为虚，眼见为实，是吗？不过，我相信，只要你会说，妈妈一定会给你买的。小朋友，现在我布置一项家庭作业：回家向家长介绍自动双人伞。如果你需要，建议家长为你买一把；过几天，告诉我买了没有。千万别在地上打滚，硬逼着妈妈买，那不算本事。（笑声）不需要的话，就不要买。另外，请大家写篇日记，题目就叫《自动双人伞》，把它的外形特点和好处写下来。

（徐州市兴东实验学校　庄静整理）

教师观察

一、目标的确立与教学内容的选择

《双人伞》是一节口语交际课，于老师把这节课的教学目标确立为引导学生结合生活经验，掌握介绍双人伞外形特点和独特功能的方法，进而探寻准确表达购买意向的交流策略。为了达成这个教学目标，于老师选择了以下教学内容：一，展示实物，激发兴趣，引入交际话题。上课伊始，于老师拿出一把没张开的伞，引起学生注意，待观察到它的颜色、质地时，老师顺势引出“观察事物就要善于发现它的特点”的观察要领。此时，学生对“特点”的准确把握和深刻理解，成为推动学习活动的纽带。二，学习观察、表述双人伞特点的方法。于老师引导学生找出双人伞与普通伞的区别，在比较、辨析中，建立新旧知识的联系，从而进一步掌握“按顺序、有条理地介绍双人伞外形特点”的方法，并通过连贯地说，完整地说，简练地说等方式，扎实、有效地进行言语表达训练。三，明确双人伞的优点，准确表达购买意愿。细细品味，这节课教学目标的确立与教学内容的选择独具匠心，意蕴丰富，主要表现为：一，基于生活。于老师把双人伞带进课堂，把生活融入课堂，让学生在特定的环境中，全面、完整、有序地认识双人伞的特点及功用。鲜活的生活积累，丰富的认识体验，为学习活动增加亲切感、形象感，使交际素材更具活力，更显张力。正所谓：“问渠哪得清如许，为有源头活水来。”二，基于儿童。儿童有着极强的求知欲，特别对新鲜、有趣的事物更是情有独钟。于老师遵循了孩子的认知特点和心理发展规律，从儿童视角体验生活，从儿童立场选取话题，通过双人伞与普通伞的对比，巧妙地将新旧知识有机融合，利用“差异点”，实现知识的“同化”，并初步掌握按顺序、抓特点地介绍一种物品的方法。学生在充满情趣的交际过程中，有所得，有所悟。三，基于语言。六七岁的孩子正值语言发展的敏感期，可塑性极强。于老师独具慧眼，将生活与交际巧妙相融，将口语表达与书面语表达有机结合，在扎实的语言训练中，让学生学会观察，学会表达，学会交际，为他们的语言发展不断注入“源头活水”。

二、学习活动开展与教师助学

学生是学习的主体，是课堂的亮点。在于老师的课堂上，学生最自信，最幸福。这源于他丰厚的学识，儒雅的教风，独特的人格魅力。学生在课堂上，无拘无束，畅所欲言，真切感受了“平等对话”的无穷乐趣。这节课，于老师秉承“教学场景生活化，学习活动情境化”的教学理念，以问题驱动式学习方式展开教学。课堂上，通过实物展示，自然引入交际话题。进而，学生依据观察要领，明确双人伞的外形特点及功能，并由感性描述形成理性概念，进一步发现了“观察某种物品的方法、路径”，最终，探寻到“实现购买意愿的交际策略”。问题导引下的学习活动，真正做到了有层次，有梯度，有空间，有延展。

教师的助学为学习活动的有效开展提供了有力保障。它是循序渐进，深入浅出，及时高效的。第一，“助”在关键处。当学生看到是一把尼龙伞时，老师立刻抓住谈话契机，顺势抛出学习重点，即“观察事物就要善于发现它的特点”。学生有了这样的方法引领和思维导向，在按顺序看“伞顶、伞把、伞面、伞骨及伞杆”时，便能有意识地抓住每个部位的特点，细致观察，准确表达。第二，“助”在疑难处。待学生掌握了按顺序、抓特点的观察方法后，于老师没有放任自流，而是帮助他们实现“思维到表达”的内化，即鼓励孩子把特点连起来表述，以形成完整的概念。这对学生来讲，较有难度，于老师便耐心地引导他们看着板书说，看着板书的每个词语练习说。当学生基本会说，但语言有些啰嗦时，老师又善意地提醒：能不能说得再简练些。由此，学生经历了“准确地说、连贯地说、言简意赅地说”这种螺旋上升的训练过程。这看似不经意的设计与提醒，淋漓尽致地彰显了大家风范——即从儿童视角思考问题，从儿童视角学说话，练说话。第三、“助”在纵深处。当学生正确把握了双人伞的外形特点与功用时，学习活动继续走向深入，即实现由知识到能力的迁移与转化，此时，巧妙的言语交际就显得尤为重要。于老师启发道：“家长还会问什么？只要你会说，妈妈一定会给你买。”这样带有发散性、期待性、感召性的指导把学习活动引向纵深，引向“本源”。由此，学生更加兴致盎然，学劲十足。课堂上，教师紧抓“学生学习生长点”，有效助学，步步为营，环环相生，做到了“不愤不启，不悱不发”，在“犹抱琵琶半遮面”的角色扮演中，退一步、缓一步、让一步，成就学生的精彩！

三，学生活动状态与活动方式

著名教育家苏霍姆林斯基提出学生独立进行脑力劳动最科学的方法是研究性学习法。课堂上，于老师积极引领学生尝试自主、合作、探究的学习方式，在民主、和谐的对话氛围中，调动多种感官，发现隐藏在现象背后的规律性知识。从老师引入习作话题到表达购买意向，学习活动都是开放的，自主的，多元的。观察伞的外形，描述伞的特点，明确伞的功能，层层递进，环环相扣，学生在不断探寻“双人伞”的特点、功能及言语表达方式的过程中，形成了“观察、表达”的认知结构，学生的学习始终充盈着研究探索的“兴奋点”，他们在“真学习”“真生长”“真提升”。

四、活动参与度与目标达成度

于老师的课堂总是有情有趣，有滋有味。每一个学生都兴致高昂，积极踊跃，始终保持着激情洋溢、勇于争先的学习态势。在和谐的对话中，学生围绕“双人伞”的话题，仔细倾听，认真观察，细致辨析，准确表达，并通过自主探究，同伴互学，提升学力，习得方法。积极的学习状态，让我们深切感受到，他们身体的每个细胞都活跃起来，大脑的每根神经都动起来，每个学生的个性都得到了充分而自由地发展。整节课下来，他们不仅主动建构了“描述物品特点及功能”的方法体系，而且体验并探究了“言语交际”的思维技巧，可谓“情智共生”“言意兼得”。

（徐州煤港路小学　杨蕾）

专家评点

把实物描述清楚

《双人伞》这个课例，具有以下几个特色：

第一，通过实物展示，引导学生细致观察。要把一件实物描述清楚，先要对实物进行细致的观察。于老师一上课就带了一把双从伞，指导同学们从名称、材质、特征、图案、伞顶、伞骨、伞杆、优点等方面，一边观察一边把观察到的结果说出来。于老师为什么要带一把复杂的“双人伞”，而不是一把普通的单人伞呢？这足见老师的苦心。为了让学生有更多口头表达的机会，于老师故意带了一把复杂的、描述起来有一定难度的雨伞，让学生去描述。

第二，通过设计交际情境，让学生在情境中练习口语交际能力。

于老师设计了一个孩子向家长请求买双人伞的交际活动。在这个交际活动中，于老师提醒如何有礼貌地说，这是社会交际知识，体现了口语交际目标的双重性。于老师还使用了角色扮演的方法，自己扮演学生家长，让学生在一个高度模拟的情境中进行自然的口语交际活动，从而激起学生的口语交际兴趣。

第三，由说到写，整合口头表达能力与书面表达能力。这是一节小学二年级的口语交际课，二年级的学生要开始进行“写话”的训练，不少学生存在困难。口语交际课堂上进行了充分的说话训练，从成熟的口头表达，自然地延伸到书面表达的模式中。口语交际活动不仅锻炼了孩子的口头表达能力，还为“写话”打下了基础，甚至直接变为“写话”的产品，提高了孩子的“写话”能力和兴趣。

第四，于老师的教学语言幽默睿智。于老师在课堂上和学生的言语交际活动非常诙谐、轻松，营造了快乐、富有情趣的课堂氛围。于老师对学生口头言语表达能力的点评细致精准，对于学生的精彩表达，于老师及时点评“说得太好了”“说得太精彩了”等，增强了学生的表达信心。对于学生的表达，于老师能顺势接话，巧妙应答。如学生说：“妈妈，您赶快去，去晚了，就买不到了，买的人可多了。”于老师答道：“你真会虚张声势！”这样的例子在师生互动中非常多，调节了课堂气氛。于老师和学生的课堂交流也是一种口语交际活动，无形中给学生以教育和启发。

（江苏师范大学　魏本亚）

10

《听广播，打电话，写紧急通知》课堂实录与评析

课堂实录

师：同学们，刚才课间活动时，你们在议论什么？怎么那么高兴？

生：我们在议论明天爬山的事。

生：我们在议论爬山比赛谁能得第一名。

师：这到底是怎么回事？谁能详细地告诉我？

生：周老师告诉我们，明天要搞一次爬山比赛。

生：山上有数学题，看谁找得到，做得对。谁找得最多，做得对，谁就是第一名。

师：噢，是这么回事。那谁去放数学题，放在哪儿？

生：今天午饭后周老师就去放数学题，有的放在石头缝里，有的放在树枝上。

师：好，这个活动真有意义。那么，你们现在最关心的是什么呢？

生：我最关心明天能不能得第一，第一有奖。（众笑）

生：我最关心明天的天气。

师：为什么关心明天的天气？

生：因为明天要是刮风下雨，我们的爬山活动就搞不成了：藏在山上的数学题就会淋湿了，刮跑了。

师：那么，你们希望明天有一个什么样的天气？

生：我希望明天天气晴朗，一丝风都不刮。

师：谁能再说具体一点？

生：我希望明天万里碧空飘着朵朵白云，太阳光照在身上暖洋洋的，我们好高高兴兴地搞爬山活动。（众赞叹）

师：说得好。徐州人民广播电台每天上午十点半预报天气，现在时间正好到了（打开收音机），请大家仔细地听。

（这是根据教学需要，请播音员特别录制的，但学生们都信以为真，流露出失望的神情。）

师：这是真的吗？是不是我听错了？同学们，播音员阿姨说的什么？

生：阿姨说明天有大雨。

生：还刮东北风，四到五级，阵风七级。

生：阿姨说明天的最低温度是零度。

师：能不能连起来说？谁连起来说给大家听听？

生：电台广播说，今天下午到明天，徐州市区和各县阴天，有雨，雨量大；偏北风，风力四到五级，阵风七级；明天最低温度零度。

师：说得不错。同学们，看来明天的活动不能搞了。（同学们不大高兴，议论纷纷，一学生举起手来。）

师：你要说什么？

生：有时广播员也说得不准。（众笑）

师：大部分的预报还是准的，看来你是很想明天按计划搞活动，是不是？（生点头）那好，朱校长也来听课了，我们问问她明天怎么办。（朱校长回答，活动改在星期六举行。）

师：哟，周老师在文教局开会，今天不回学校了，活动改期这件事她不知道，怎样告诉她？

生：写信告诉她。

师：写信太慢，来不及了。（众生纷纷举手）

生：打电话告诉她。

师：很好。打电话是个好办法。那么，我们拿起电话来，向周老师说什么呢？

生：我们对周老师说，明天天气不好，爬山活动不搞了，星期六再搞。

师：说得还不够清楚，不够全面，想想看，最要紧的是什么话？谁再来说一说。

生：我们对周老师说，天气预报明天有雨，爬山活动不搞了，星期六再搞，请您今天下午不要到云龙山放数学题了。

师：很好。同学们想不想打电话？

生：（兴高采烈地）想！

师：同位的同学互相练习一遍。每个人当一次周老师。（学生兴致勃勃地握起拳头当听筒，互练了一遍。）

师：正好，我这里有两部玩具电话机，我来当周老师，请同学们给我打电话，谁说得最清楚，谁就代表大家到办公室给周老师打电话。

生：（拿起电话就打）喂——（众笑）

师：拿起话筒要先拨号码，老师忘记告诉你了。文教局的电话号码是25206，如果记不住，可以查电话号码簿，或拨114，问查号台。

（该生打后，其他同学也争先恐后地举手，要求打电话，老师又找了两个同学打，说错之处，予以纠正。）

师：现在，我找一个同学到办公室给周老师打电话。（同学们高兴极了，都把小手举得高高的，有的还站起来。课堂气氛异常活跃。教师指定一名学生前去）

师：哎呀，还有一件事。二年级其他三个班的同学们还不知道，怎么办？

生：写个通知送到广播室播送一下。

师：这个建议好。因为事情紧急，我们在“通知”前面加“紧急”二字。现在，每人练习写一个紧急通知。（交代了通知的格式和内容，然后让同学们写，老师巡回指导。）

师：现在请一位同学读一读自己写的通知。（读后，让大家补充内容）

师：补充得很全面。请同学们再把自己写的通知修改修改，同位同学互相检查一下。改好了，我们再请一位同学读一下。

生：紧急通知：因为电台预报明天刮大风下大雨，二年级的爬山比赛改在星期六上午举行。请同学们今天下午不要准备水壶和午饭了。鼓楼小学1986年12月9日。

师：好，就请你把通知送到学校广播室，中午放学前广播一下。

（这时，派去打电话的同学回来了。）

师：电话打通了吗？你是怎样打的？请说给大家听听。

生：我先拿起电话筒，再拨号码。电话筒里发出“嘟——嘟——”的声音，电话打通了。一会儿，有人接电话，我一问，正是周老师……

师：看来，你真会打电话了。（下课）

（徐州市兴东实验学校　庄静　张忠诚整理）

教师观察

听广播，打电话，写紧急通知，在网络不普及的八十年代，是人们日常生活中经常会遇到的事情。于老师根据学生日常生活的实际需要，编写了口语交际教材《听广播，打电话，写紧急通知》。从教学实录呈现的教学场景分析，于老师本课设置了两个教学目标：一是学习把一件事说清楚、讲明白，二是让学生掌握写紧急通知的方法。于老师围绕教学目标，选择两个教学内容：一是从学生议论明天爬山的事件出发，自然激起他们对天气预报的关注，设计了听广播打电话的交际场景。二是把打电话的内容，转化为给全校学生的紧急通知。本节课教学内容的选择，立足于学生现实的口语交际需要，由听到说，由说到写，层次清楚，切合了学生的认知发展规律。

在《听广播，打电话，写紧急通知》的教学中，于老师创设了贴近学生生活实际的情境，围绕听、说、写这一核心，开展了分层次、分阶段的学习活动。第一，以课间议论的偶发事件为起点，激起学生学习的兴趣，进行听广播的学习活动。于老师听到学生议论明天爬山，随机参与其中，与学生一起谈论爬山比赛。因为是学生感兴趣的话题，现场交流的气氛热烈。当说到明天爬山的一个重要条件——天气时，于老师播放了特意录制的天气预报，学生听得异常认真，准确捕捉到天气预报的要点，进行有条理地说、有层次地说。第二，打电话过程中，深入开展说的活动。打电话是日常生活中传递信息的重要方式，即使在网络发达的今天也是如此。学生在和周老师打电话之前，充分练说了打电话的内容。其间，通过不断试错，认识到打电话时表达既要简明扼要，又要清楚具体，要把最为重要的信息传递给对方。学生是在打电话中学会打电话。第三，及时指导，助在学困处。通知的格式对学生而言是个难点。于老师呈现范例，细致讲解，指导学生掌握了写紧急通知的格式，帮助他们顺利地完成了写紧急通知的练习。整个口语交际的过程中，学生的学习活动，围绕听说写的训练要点，有层次、有步骤地展开。

于老师的助学活动，以学生为主体，教学主线清晰，体现了新课标三个维度的有机结合。第一，在口语交际的过程中，如何把口语交际的知识转化为学生口语交际的能力，是教师在教学实践中时要面对的一个问题。教师在教学过程中，实现知识转化为能力的方式、方法，我们把它称为教学策略。于老师在这节口语交际课上，之所以能够把口语交际知识转化为学生口语交际的能力，是因为他在学生口语交际过程中，教给学生方法，在恰当训练中，学生自然而然地把知识转化为能力。比如，于老师抓住学生特别关心爬山天气的心理特点，让学生听广播，反复练习说广播的内容，训练学生对听的内容的理解和记忆，训练他们捕捉要点的能力，有序表达的能力。打电话则是创设情境，让学生认识到这种交际的价值，把听说能力的训练进一步强化。在口语交际的过程中，掌握方法，形成口语交际的能力。第二，在能力形成过程中，始终伴随着学生积极的学习情感、良好的学习态度。课堂上，每个教学环节都洋溢着学生盎然的情感，他们积极思考，踊跃表达的状态诠释了兴趣是最好的老师。

纵观于老师整节课，学生充分参与其中，在言语交际的过程中达成了教学目标，实现由知识到能力的转化。

（徐州市兴东实验学校　张忠诚）

专家评点

听说写各项能力的整合

语文课程主要是培养学生的汉语言运用能力，汉语言的运用能力根据语言输出的不同渠道又可分为听说读写的能力。逐步培养这些分项能力是语文课程的基本目标。

语言学家的研究证明，听说读写能力具有独立性，可以分项培养。同时也指出，听说读写能力是相互影响的。

于老师的这堂课分为三个环节，分别是“听广播”“打电话”和“写紧急通知”。“听广播”是培养学生“听的能力”，“打电话”是培养学生“说的能力”，“写紧急通知”是培养学生“写的能力”。巧妙的是，这三个环节环环相扣，“听”为“说”打基础，“说”为“写”打基础。随着课堂教学活动的展开和深入，学生的语言能力在逐步发展。

在训练“听的能力”时，着重训练了学生听时抓重要信息的能力。本课例重点训练的是“说的能力”，即“口语表达能力”。由于是小学二年级的学生，于老师主要是训练同学们要说得准确。在“写紧急通知”环节，于老师让同学们在说的基础上进行写作，从“说”自然延伸到了“写”。

这堂课还有一个地方让人赞叹。于老师把学生们亲身经历的事情作为口语交际训练的活动，大大地提高了学生参与活动的兴趣。这足见于老师是一个多么有心的教师。口语交际具有交互性、即时性和动态性等特点，选择学生感兴趣的话题，学生才会踊跃地加入活动。

在教学方法上，这堂课也极为灵活。于老师组织了多种形式的活动，极大地调动了学生的学习兴趣。从学生角度来观察，这堂课的主要流程是：转述活动（说的能力）—听广播（听的能力）—复述广播内容（说的能力）—互打电话（听说的能力）—给老师打电话（听说的能力）—写紧急通知（写的能力）。以上六个活动，一会儿听，一会儿说，一会儿写，使学生一直处于紧张兴奋的学习状态，且锻炼了不同的能力。这堂课为我们展现了于老师高超的教学艺术。

（江苏师范大学　魏本亚）

11

《借粉笔，写借条，当“导游”》课堂实录与评析

课堂实录

第一课时

师：小朋友，这节课我想先请小朋友看于老师画图画。画什么呢？当然是好看的。

（于老师在粉笔盒里找彩色粉笔，可是没有。拉开讲桌的抽屉，抽屉里也没有。）

师：学校发给我的一盒彩色粉笔哪里去了？长翅膀飞了吗？（笑声）没有彩色粉笔，画出的画儿多难看呀！

生：于老师，我到办公室给您拿去。

师：办公室里没有。

生：于老师，到隔壁二（2）班去借。上课前我看到二（2）班的李老师手里拿着一盒彩色粉笔，她还跟我说话呢！（这是于老师事先安排的）

师：（高兴地）这是个好主意！离得近，很方便，再说李老师又是

个乐于助人的人。就不知小朋友敢不敢去，能不能借来。

生：（齐声）敢去，能借来！

生：（几乎把手举到老师的胸前）于老师！让我去！

师：你见了李老师打算怎么说？

生：我打算说，李老师，于老师想借您的彩色粉笔用一下。

师：后面再加两个字。想一想，加什么？

生：加“再见”。

师：李老师还没有回答你，怎么能说“再见”呢？（笑声）再想想。

生：加上“好吗”。

师：对！向别人借东西，应当以商量的语气说。请你连起来说一遍。

生：李老师．于老师想要您的彩色粉笔用一下，好吗？

生：不能说“要”，要说“借”。

师：改得对：——现在就请你（即刚才那个把手举得老高的学生）到二（2）班李老师那儿去借。（该生跑出教室）

师：（对全班同学）小朋友，别小看了向别人借东西这样的小事。有人胆小，怕羞，不敢去；有人敢去，可又不会说，说不清，也借不成。

（正在这时，那位去借彩色粉笔的小朋友空着手回来了。）

师：怎么啦？李老师也没有吗？

生：李老师有。她问您借什么颜色的，借多少。

师：这都怪我没有向你交代。小朋友，向别人借东西，除了要讲清楚借什么，还要讲清借多少。我打算借四支彩色粉笔，一支红的，一支黄的，一支绿的，还有一支蓝的。记住了吗？都说说看。（小朋

友认真练习说）

师：假如我就是李老师，见到我该怎么说呢？我想再请另外一位小朋友到前面来试试。（小朋友纷纷举手）

生：（走到于老师跟前）李老师，您好！

师：小朋友好！你有什么事？

生：于老师上说话课，忘带彩色粉笔了，想跟您借四支。一支红的，一支黄的，一支绿的，还有一支蓝的，可以吗？

师：可以，可以，我这就给你拿。

生：谢谢李老师！

师：到二（2）班这样说一定能借成。可是四支不好还，再说，可能不够用。我看，就借一盒吧！不过，借的东西多，就得打个借条。（板书：借条；同时，加上汉语拼音。）怎样写借条呢？前天，我让高原小朋友到图书室馆借10本连环画，我教她写了一张借条，她是这样写的——（出示小黑板）

借条

今借到图书室连环画10本，明天送还。

经手人：高原

10月6日

（原文每个字都带拼音）

师：大家一读，就知道怎样写借条了。

（老师向学生讲了“今借到”“经手人”的意思，交代了写借条的格式。要求学生照样子写一张借一盒彩色粉笔的借条。）

师：大家写得很认真。谁写得正确，说话声音响亮，就请谁到二（2）班去借。

（小朋友积极性更高）

师：写好了吗？谁来读一读？

生：（读）借条，今借到二（2）班彩色粉笔一盒，明天就还。经手人：刘开，10月8日。

师：写得不错！但是，明天有点晚了。俗话说："好借好还，再借不难。"咱们今天下午就还！我到会计那里领一盒，请你们还给李老师。——现在就请刘开拿着借条到二（2）班去借。（刘开跑出教室）

师：这回准能借来。

（刘开双手捧着一盒彩色粉笔，笑眯眯地走进教室，把它递给于老师。）

师：（高兴地）谢谢刘开！这节课就上到这儿。有了彩色粉笔，下节课咱们就可以上"看图说话"课了。

（下课）

第二课时

师：小朋友，这节课咱们"看图说话"。看什么图呢？请看黑板——（于老师在黑板上很快画出一朵黄色的菊花，图略。）

师：谁向小朋友介绍一下，这是一朵什么样的菊花？

生：这是一朵美丽的黄菊花？

师：三朵花有什么不同？

生：一朵花全开了，一朵花半开，一朵花还没开。

师：说得不错。——谁到前边来，连起来向大家介绍一下？

生：（走到黑板前，用教鞭指着菊花）这是一朵美丽的菊花……

师：你是向小朋友介绍的，开头应该说："小朋友"。——重来。

生：小朋友，这是一朵美丽的黄菊花。一朵花全开了，一朵花半开，还有一朵花没开。金黄金黄的菊花多么可爱呀！

师：说得真好，好像朗诵一样，多么有感情呀！大家都像她这样说一遍。

（全班小朋友练习说）

师：小朋友，秋天到了，菊花盛开了，品种多得很呢！请再看——

（于老师又用红、白、蓝三种粉笔画了三朵菊花。）

生：于老师又在黑板上画了一朵红菊花，一朵白菊花，一朵蓝菊花。

师：比较一下，这三朵菊花除了颜色不同外，还有什么不同？比如花的大小、形状……

生：红菊花的花朵大，圆；白菊花的花瓣长，（师插话：看看图，光长吗？）还很细；蓝菊花很小。

师：红菊花又圆又红，像什么？

生：像红球。

生：像红绣球！

师：白菊花的瓣又细又长，像什么？

生：像头发。

师：小姑娘的长头发很美，可惜没有白的。

生：像挂面。（笑声）

师：挂面好吃，可是不好看。——你们见过从高山上流下的水吗？

生：像瀑布！

生：像泉水！

师：这多美呀！——谁能连起来说一说？这样开头：秋天到了，

公园的菊花开了，有……

生：（走到黑板前，用教鞭指着）小朋友，秋天到了，公园的菊花开了。有红的，有白的，有蓝的。（师引导：“红的像什么？”）红的像绣球，白的像泉水，蓝的像……（师引导：“像不像蓝宝石？”）蓝的像蓝宝石。

师：说得真漂亮！大家都像她这样练习说一遍。（学生说的时候，于老师在黄、红、白、蓝四种菊花下面分别写上：法国女郎、红绣球、高山流水、蓝宝石，并在黑板上方写下了“菊展”两个大字，在生字上一一加上了拼音。）

师：公园里要举办菊花展览。这是其中的四种。下面写的是它们的名字。看到了这几个美妙动听的名字，你一定会想到很多很多。到这里参观的人很多。为了帮助参观的人了解菊花，需要有一个人来当“导游”，向大家介绍介绍。先不要举手，人人练习一下再说。

（学生自由练习，老师听取了几个小朋友的练习，并作了指点、辅导。）

师：谁愿意到前边来给小朋友导游？

生：（走到黑板前，手持教鞭）欢迎小朋友到公园游玩。秋天到了，菊花开了，有黄的，有红的，有白的，有蓝的。（师提示：“颜色多不多？美不美？”）真是五颜六色，美丽极了。（师插话：说得好！注意花名。）黄的叫法国女郎，红的叫红绣球，白的叫高山流水，蓝的叫蓝宝石。

师：说得不错！谁到前边来，为听课的老师导游？对老师讲，要讲生动一点！

生：（走到黑板前，手持教鞭）小朋友们！（发觉不对，忙改口）老师们！（众笑）欢迎你们到公园里看菊花。这里有“法国女郎”“红绣球”“高山流水”“蓝宝石”。“法国女郎”的花瓣多么像法国姑娘的黄头发！“高山流水”的白色花瓣又细又长，多像从高山上流下来的泉水！“红绣球”又大又红，蓝宝石闪闪发光！（全班鼓掌）这里的菊花多着呢，请老师们往下看。（众笑）

师：这两位小朋友是非常出色的导游，比导游学校毕业的学生还会说呢！——小朋友，于老师画的菊花好不好？

生：（齐声）好！

师：可惜下课就要擦掉了，用几句话写下来，好吗？

生：好！

师：题目就叫做《菊花》。（板书：菊花）我给大家起个头：秋天到了，公园的菊花开了……

（小朋友用不到几分钟的时间写了几句话。于老师让两个小朋友念了写的草稿。下面是其中的一个。原文中半数以上用的是汉语拼音。）

生：（念）菊花。秋天到了，公园的菊花盛开了。红的，黄的，白的，蓝的。花的种类很多很多，有“法国女郎”，有“高山流水”，有“红绣球”，有“蓝宝石”。我最喜欢“蓝宝石”。你别看它小，就是好看！蓝蓝的花瓣，黄黄的花蕊，看着看着，它们好像真的发光了，一闪一闪的。（众赞叹）

师：你写的比我画的还美！

（下课）

（徐州市兴东实验学校　庄静　整理）

教师观察

《借粉笔，写借条，当“导游”》是于老师自编的口语交际教材。观看教学实录，让我们似乎回到了几十年前的教学现场。在师生相互激活、相互点燃的对话中，可以清晰地看到本节课的教学目标：第一，通过借粉笔、写借条、当导游的口语交际活动，培养学生在生活实践中认真听别人讲话，把握话语主要内容的交际能力。第二，与别人交谈，态度自然大方、有礼有序、清晰表达。为了完成以上教学目标，于老师设置了借粉笔、写借条、说菊展、当导游四个教学环节。

观察于老师的这两节课，会发现这两节课之所以能给人们留下深刻的印象，主要得益于于老师在教学现场中，根据学生的年龄特点和生活的实际需要，促进了学生言语能力的发展。这种促进主要体现在以下几个方面：

一、摄取现在进行的口语交际事件，激发学生的表达欲望，促进学生语言的发展

小学生在口语交际过程中，很多时候感到无话可说。正因为无话可说，就失去了口语交际的表达欲望。根据小学生积累不多，观察、分析事物不强的特点，他们最喜欢表达的是现在发生的事情和现在进行的情感活动。现在发生的事情，他们最善于记叙；现在发生的情感，他们最容易表达。正是因为这样，于老师在口语交际过程中，创设借东西的情境，让学生的口语交际行为置身在真正的生活现场中。在现在进行的口语交际现场中，于老师教会学生掌握借粉笔的要点，引导他们会说，说清楚，落实教学目标。而在看图说完菊花后，把说话的方向引向办花展，当导游。现在进行时的当导游活动，给予学生一个展示自己才能的好机会，激起了学生强烈的表达愿望。无论是说还是写，都是充满激情。在情绪激荡中完成说写，语言能力的发展必然是有效的、高质量的。

二、组织全新的课堂教学模式，促进学生语言发展

为什么说于老师的这两节课，组织起一个全新的课堂教学模式，促进学生的语言发展呢？因为整堂课，思、看、听、说、读、写，糅合在一起，思维训练、情感诱导和语言文字创作三位一体。学生在语言学习活动中，经历语言学习的全过程。在写借条时，说语、读文、仿写紧密结合。学生看图说话时，通过用眼睛观察于老师画在黑板上的菊花，思考着它们的不同，发现着它们的特点，进行着思维训练。于老师引导学生调动着自己已有的语言积累，构思着说话的层次。学生思维发散，兴致勃勃，说出菊花的颜色、大小、形态。在设计导游词时，学生全身心地投入其中，获得语言表达的快乐，课堂教学真正动起来。

三、传意能力的培养，促进学生语言发展

口语交际过程中，能够向对方准确地表达自己的说话意图，是基本要求。它所培养的就是学生的传意能力。传意是根据对象、地点、环境的不同，采用不同的口语交际形式，要求学生要有明确的读者意识。于老师在口语交际过程中，始终关注这一能力的培养。借粉笔时用商量的口气。写借条时运用例文，分清要借的对象，写明白要借的数量、归还的日期，准确向对方传达自己的意思。当导游时，更是如此，明确导游的身份，运用导游的语言。练习说的时候，及时纠正语言的错误，都是在准确传达口语交际的表达意图，为下一步学生作文打下良好的基础。口语交际中传意能力的训练，培养了学生的读者意识，促进了学生的语言发展。

四、非语言手段的运用，促进了学生的语言发展

当下的语文课，多媒体运用是常态。但是多媒体的滥用，消减了学生对语言文字的感受、体验、品味，语文味尽失。于是现在在语文课上，又在强调语言手段的运用。这是一种矫枉过正的表现。语言课上非语言手段的恰当运用，可以提高学生学习语言的兴趣，提高语言学习的效率。于老师经常说，老师是活的多媒体。于老师在课堂上先画出一朵黄色的菊花，引导学生去观察、说话。接着又画出三朵红、白、蓝菊花，指导学生进一步观察、说话。因为生动、可感，提高了学生看图说话的兴趣。于老师两次画菊花手段的运用，还有一层作用，是带着学生把菊花说具体、写具体。两次非语文手段的运用，把观察菊花的过程分了阶段，把观察的时间拉长。它就像动画片中的慢动作，有助于学生精准地观察，有利于他们调动自己的语言积累，尽情地表达。

（徐州市兴东实验学校　张忠诚）

专家评点

口语交际语境的设计

口语交际具有交互性，它是交际双方甚至是多方的言语活动，通过口头语言，各方相互交流传递信息。口语交际课的难度在于如何让学生与交际的“另一方”在课堂上发生互动。课堂情境下，人物只有教师和学生，而教师的角色和功能主要是学生学习的辅助者和帮助者，这样，口语交际情境下与学生交际互动的“另一方”就空缺了。囿于时空的限制，教师往往会越界扮演交际的“另一方”，但这样

做，学生进入的交际语境是一个人为的交际语境，学生在与老师扮演的交际的“另一方”进行互动时，无法真实融入，从而无法很好地培养学生的口语交际能力。

于老师的口语交际课，一个最大的特色是为学生找到真实的交际的“另一方”。在这个课例中，于老师让隔壁班的李老师充当了与学生交际互动的“另一方”。李老师的加入非常重要。李老师的加入，使“借粉笔”这个口语交际任务变为一个真实的口语交际任务。研究证明，当学生要完成一个真实任务时，学生的参与度与兴趣会更高。

在学生与李老师交际互动的过程中，于老师充分发挥了教师作为学生学习的辅导者的角色。于老师让学生先演练，在演练过程中，恰到好处地向学生提供社会交际知识，如“向别人借东西，应当以商量的语气说”等，不露痕迹地提升了学生的口语交际能力。于老师也会给学生语言技能的提醒，如“不能说‘要’，要说‘借’”等。这是对学生口头言语能力的指导。

第二节课主要设计的是“当‘导游’”的活动。让学生在对画出的菊花进行反复的口头描述的基础上，再把描述的语言产品“写”下来。这同样是从“说”向“写”延伸。对于二年级的学生而言，直接进入写作会有困难，通过“说”到“写”，会降低“写”的难度，增强学生写的兴趣。

（江苏师范大学　魏本业）

12

《写寻物启事，写表扬稿》课堂实录与评析

课堂实录

师：这节课我们观察玩具动物说话、写话，请小朋友把自己的玩具动物拿出来。（大家纷纷拿出自己的玩具动物，有一位小朋友举手。）高原小朋友，你有什么事？

生：于老师，我的玩具动物放在您的书包里了。（说明：这位小朋友的玩具是在上学路上于老师替他装在提包里拿来的。）

师：哟，我的提包怎么没有了！（做找提包状）我记得进校门时还提着呢。坏了，我的提包丢了，高原小朋友的玩具动物还在里面呢，这怎么办？（这是于老师事前安排好的）

生：我们全班同学一起到校园里找。（众笑）

师：那会影响别人上课的。

生：我带来两个玩具动物，借给高原一个。

师：可以。高原小朋友现在可以观察说话了。不过，我的提包里还有钱，有课本，还是尽快想办法找到才好。

生：写个寻物启事送到红领巾广播站去广播一下。

师：哎，这倒是个好办法！我们就抓紧时间写寻物启事，谁写得好，就把谁的送去广播。老师先交代一下：最上面一行的中间写上“寻物启事”四个字，中间写什么时间，什么地方，丢了什么东西。右下角再写上姓名和日期。

师：我们先请高原同学介绍一下，她的玩具动物什么样子。

生：我带的玩具动物是一只可爱的狮子狗，它圆圆的脑袋，大大的眼睛，一身橘红色的毛，软绵绵的，身后还有一条翘得老高的大尾巴。

师：说得很好。但是寻物启事上不要写得这么详细，要简单一点。谁来说一下，用“提包里有”开头。

生：提包里有一只可爱的狮子狗，全身是橘红色的毛，还有一条翘得老高的大尾巴。

师：还要更简单一点。

生：提包里有一只橘红色的狮子狗。

师：好是好，不过掉了一个很重要的词，谁听出来了？

生：提包里有一只橘红色的玩具狮子狗。

师：对！要加上“玩具”二字，不然，人家还以为我提包里装的是一只活的小狗呢！（众笑）另外，我提包里还有一本语文书，一个钱包，钱包里有20元钱，一张月票。我的提包大家都见过，是什么样的？

生：是一只黑色提包。

生：是一只黑色的上海造的人造革提包。

师：你很有心，观察得很细。现在，找一位同学连起来说一下书包里的东西。大家先练习一下，我再找人说。

生：于老师丢了一个黑色的人造革提包，提包里有一只橘红色的玩具狮子狗，还有一本语文课本，一个钱包。钱包里有20元钱，一张月票。

师：好。下面就请同学们替于老师写一则寻物启事。谁写得好，就把谁的送到广播站去广播。再补充一点，最后要说一句客气的话。（同学们认真地写寻物启事，老师巡回检查、指导。）

师：我想找一位同学读一下自己的寻物启事。（小朋友踊跃地举手。）

生：（读）寻物启事。今天早上，于老师在操场上丢了一只黑色人造革提包……

师：请停一下，你是以于老师的名义写的，要把“于老师”改成“我”。

生：（接上）我在操场上丢了一只黑色人造革提包，里面有一只橘红色的玩具狮子狗，还有一本语文课本，一个钱包。谁拾到了请送到办公室。于永正，1987年3月7日。

师：他写得怎么样？

生：他最后没有说客气话。（众笑）

师：那你是怎么写的？

生：我是这样写的：拾到的人如果送给我，我要重金酬谢。（众笑）

师：你说得太过分了，一只提包，不需要重金酬谢。（众笑）

生：我是这样写的：谁拾到后还给我，我一定当面感谢。

生：还应当写明钱包里有20元钱，一张月票。

师：对！写寻物启事一定要把丢了什么东西，丢了多少写清楚。大家再修改一下自己的启事，修改好后，自己读两遍，我再找同学读。（大家修改，读。）

生：寻物启事。今天早上，我不慎在校园里丢了一只黑色人造革提包，内有一只橘红色的玩具狮子狗，还有一本语文课本、一个钱包。钱包里有20元钱和一张月票。哪位同学拾到了，请送到办公室，谢谢。于永正，1987年3月7日。

师：写得真好！我们就请她将寻物启事送到广播室。（正说到这里，教室里广播喇叭响了：请老师注意，现在广播招领启事。今天早上，二（2）班小朋友徐强在校园里拾到了一只黑色人造革提包，请失主下课后到大队部来领。（说明：这也是事前安排好的。）

师：刚才广播的什么，谁能说一遍？

生：广播里说，二（2）班徐强小朋友拾到一只提包，请丢的人来领，到大队部认领。

师：太好了，我们不要广播寻物启事了，找位同学去领就可以了。（大家都要去领）我找位同学来演练一下。现在，我是广播室里的老师，你见了我怎么说？

生：（走到前面）老师好！

师：小朋友好！你找我有什么事？

生：于老师丢了一只黑色人造革提包，他让我来替他领。

师：提包里有什么？

生：提包里有一只橘红色的玩具狮子狗，还有一本语文书和一个钱包。钱包里有20元钱，一张月票。

师：说得对。请你给他领走吧。

生：谢谢！

师：你说得很好，就请你去把提包领来吧。你对广播室的老师说，我们等着用东西，不能等到下课再领了。（学生走出教室，不一会儿把提包领回来了。于老师把玩具狮子狗拿出来，又检查了一下其他东西。）大家看，这就是高原小朋友的玩具狮子狗。徐强小朋友真好，东西一件也没少。怎样表扬表扬他呢？

生：写个“表扬稿”表扬表扬他。

师：很好。我们学过写表扬稿，还记得怎么写吗？

生：第一行中间写上“表扬”两个字，中间再写上表扬谁，表扬他什么事情，最后再写上是谁写的表扬稿。

师：说得很好。就请小朋友再替于老师写一写吧。（小朋友认真地写表扬稿，老师巡回指导。）

师：好，找一位小朋友读一下。

生：表扬。今天早晨，我在校园里丢了一个提包，二年级二班小朋友徐强拾到后，立即交给了老师。这种精神是值得表扬的。于永正，3月7日。

生：应该说，这种拾金不昧的精神是值得表扬的。

师：补充得好。下面各人朗读一下自己的表扬稿，谁朗读得好，就请谁到广播室去广播。（小朋友各自读了几遍后，争先恐后地举手，老师找了几个小朋友站起来读。）

师：房柯小朋友，你去广播室广播一下吧。（过了一会儿，教室里的广播喇叭响起房柯小朋友的声音，其余小朋友兴高采烈地听着。）

师：好了，小朋友，这节课就上到这儿。下节课，我们就可以看玩具动物来练习说话、写话了。

（徐州市中山外国语实验学校　李伟整理）

教师观察

《写寻物启事，写表扬稿》的执教时间是1987年3月，距今已经快30年了。那个年代，《语文课程标准》还没有诞生，口语交际还是一个新名词，绝大多数教师根本不知道它。于永正老师的言语交际说写训练实验开拓了写作教学的新思路，时至今日，仍然具有极高的现实意义和指导价值。

明确教学目标是确定教学内容，保证口语交际活动顺利进行的必要条件。这个目标要根据课程目标和学生的发展需求制订，要将它变成真实环境中的学生必须要解决的真实的语文任务——力争做到“像在实战中练兵一样”。于永正老师充分认识到这点，教学设计从交际应用的实际需要出发，从小学生的需要出发，密切联系生活实际，努力向生活回归，全力体现说写训练的工具价值。这一节课的总目标为“培养学生倾听、表达和应对的能力，使学生具有文明和谐地进行人际交流的素养。”围绕这一中心目标，于永正老师还把它化解为一个个富有一定联系的具体的教学目标，比如：1.能认真听别人讲话，努力了解讲话的主要内容，能复述大意。2.回忆事物特点，养成仔细观察事物的好习惯。3.学写失物招领和表扬稿。

言语交际表达训练的一个特点就是写文章有特定的目的，写了以后有用处。本节课的目标设计，让学生深深地感到学了以后要派用场，是生活必需，学习必需，甚至是“非写不可，非说不可”。当学生带着一种强烈的责任感、使命感去写的时候，就会出现少见的认真和专注，这就从根本上调动了学生说和写的需要和兴趣，自然就会收到事半功倍的显著效果。

“口语交际是听与说双方的互动过程。教学活动主要应在具体的交际情境中进行，不宜采用大量讲授口语交际原则、要领的方式。应努力选择贴近生活的话题，采用灵活的形式组织教学。”对象不同，内容不同，采用的交际手段也应该不同。于老师深谙此道，每一节言语交际训练课都不是单纯的某一项训练，而是采用多种交际手段。如：打电话，转述通知，当导游、解说员，写说明书、表扬稿，甚至写倡议书，交际手段形式多样，孩子们喜闻乐用，大大激发了他们的交际兴趣。

于老师的每一堂言语交际课无一不是“一题多做”“一材多用”，他常常针对某一交际训练活动，从多角度、多侧面设计丰富多彩的系列教学活动，组成一个前后衔接的教学体系，体现最优化的教学结构。这是于老师的拿手好戏，也是于老师的高明之处。

在这一课例中，于老师先让学生写寻物启事，帮助自己和学生寻找丢失的包和玩具。东西找到后，引导学生去写表扬稿，感谢徐强同学。这里的学习活动是具体可感的，是实际生活的需要，更是学生的需要。于老师常常采用“表演”的形式，用发生在学生身边的事情，抓住生活提供的机会，创设口语交际的情境等方法进行说写训练。这种在一定环境中的说写训练，贴近学生的生活，大大激发了学生言语交际的积极性。正如杨再隋老师所说：“当学生的表达欲望被激发起来的时候，兴致所至，妙语连珠，情之所生，妙笔生花。”

在课堂教学过程中，学生的参与状态、交往状态、情绪状态、思维状态均有可能促进学生生成状态的形成。在《写寻物启事，写表扬稿》的课堂学习过程中，学生伴有满足感和成就感。在实践运用或学习小结时表现为当堂掌握了某些知识技能，丰富了情感世界，陶冶了思想情操，提高了学习能力，增强了学生的主体参与意识，这便是学生在课堂学习中良好的生成状态的体现。

以上五方面的状态在于永正老师的这一节课中都有反映。从学生“学”的角度来分析，情绪状态和交往状态显示学生学得很轻松；思维状态和生成状态显示学生学得会；参与状态主要显示学生是怎样学的。这样的课堂，既重视学生学习的结果，又重视学生学习的过程和学生的情感、态度在学习过程中的生成状况，能客观、公正地反映学生的学习效果。

由此可以看出，我们以上所关注的几方面的学习状态在于永正老师的课堂上不是孤立存在的，它们是相互渗透、相互依赖、相互影响、相互作用的，同时又是相辅相承的，是多种状态的整合。如果我们每堂课都能像于永正老师那样用心关注学生的这些教学状态，随时调整我们的课堂设计，一定会有利于提高每堂课的教学质量。

学生在课堂上主体地位的确立，是以一定的参与度作保证的，学生没有参与，或参与得不够，就算不上“主体”。课堂的教学归根到底是为了促进学生积极、主动地进行学习。无论教师采用什么方法，采取什么手段，无论教师如何组织，都是为使学生能参与到课堂教学中来，让学生能成为学习的主人。通过观察我们发现，学生在于永正老师的课堂上积极性很高，课堂很热闹。更可贵的是，这种积极性和热闹不是浅层次的七嘴八舌，而是思维碰撞、心灵交流和情感互动的动态过程。

正如契诃夫指出的：“儿童有一种交往的需要，他们很想把自已的想法拿来跟同学、老师交谈。”于永正老师的课堂正好为学生创造了这样的环境。课例中“包丢了，怎么办”的问题犹如“一石”激起千层浪，学生思维的火花被点燃了，就会积极主动地投入到自主学习、积极思维中去。布鲁纳认为，“学习者在一定的问题情境中，经历对学习材料的亲身体验和发展过程，才是学习最有价值的东西。”在这样的条件下创设的情境才会充满活力，因之而开展的教学活动才会熠熠生辉。在于永正老师的课堂上，学生既学会了新知，培养了能力，丰富了想象力，又充分激活了生活积累，有利于学生表达独特的感受和体会，焕发其生命活力，从而获得成功感。也必然会形成学生富有激情、富有个性、富有灵性的创造性参与，取得和扩大参与的频度、信度和效度，真正实现了学生积极主动、生动活泼的发展。

（徐州市中山外国语实验学校　李伟）

专家评点

口语交际情境的故事化

于老师的这堂口语交际课的成功在于其交际情境是经过精心设计的。于老师是怎样设计的呢？为了上好这堂课，于老师先把自己的生活故事化：于老师把一位同学的玩具装在皮包里，弄丢了皮包，然后想办法找皮包，找到皮包后，再写表扬信表达感激之情。这个故事化的情节被引进课堂，成为同学们积极参与的口语交际情境。

这个故事化的情境以真实的、开放的姿态走进学生们的学习世界，学生的兴趣无疑会被最大化地激发。最有意义的是，情境中暗含着两个特定的任务：写寻物启事和写表扬信。这两个针对学生言语表达能力训练的任务自然、巧妙、真实地嵌在故事中，让学生随着事件的进展自然地完成言语训练的任务。这是于老师这堂课的匠心独运之处。

这堂课的目标是：一让学生学会写寻物启事；二让学生学会写表扬稿。达成这两个目标，可以设计一种与于老师的课堂完全相反的思路和方法：老师一走进教室，宣布这节课要写寻物启事和表扬稿，进而讲解寻物启事的写法，布置练习让同学们写寻物启事，然后讲解表扬稿的写法，布置练习让同学们写表扬稿。在这种设计下，同学们的学习兴趣将很难被调动起来。而于老师故意让自己丢失皮包，让同学们帮忙解决问题，同学们走进了于老师的“生活麻烦”，都期望自己可以帮老师解决麻烦。在解决“麻烦”的过程中，学生的语言表达能力得到了提高。

在同学们解决“生活麻烦”的过程中，于老师不时给学生语言技能的训练。于老师先让分说，然后再连贯起来说，这是从简单句到复杂句的训练。在学生表达的过程中，不时给学生社会交际的知识。这些都是教师作为学生学习辅助者的角色的体现。

（江苏师范大学　魏本亚）

13

《学会赞美》课堂实录与评析

课堂实录

师：刚才，我一说“上课”，你们就“哗”地一下站起来，齐声说“老师好”，我连忙说“同学们好”。这叫什么？叫互相问候，是一种礼貌。我第一眼就发现，我们班有三大优点，第一、服装特别整洁。看得出来，你们的校服都是刚刚洗过的，对不？

生：（齐声笑答）对！

师：是不是王校长要求的？不穿干净校服就不准上今天的课？

生：（笑答）是！（听课老师会心而笑）

师：第二个优点，你们神情专注，会倾听。第三、你们的眼神儿令我感动。所有人的目光都向我传递出这样的信息：友好、信赖。我相信，这节课我们一定会上得很好。你们说是不是？

生：是的。因为我们老师说您是一位全国著名的特级教师，所以我们就特别想上您的课，对您也就特别尊敬。当然，表现一定比平时好。

师：这是正常的，谁都会这样想，这样做的。不过，你一见到于

老师，心一定凉了半截——原来于老师不过如此而已！（笑声）

生：不是的！您比我想象得好多了！

师：好多了？你原来是怎么想象我的？

生：我觉得你可能跟我爷爷差不多，满脸皱纹，也喜欢穿一身灰色衣服。

师：你爷爷那是生活简朴，不赶时髦。（笑声）

生：您虽然年龄和我爷爷差不多，（师插话：年纪差不多）年纪差不多，头发也花白了，但头型好。（笑声）

师：就我这长脸，后脑勺还突出一块，也叫“头型好”？（笑声）你说的是不是发型？（生点头）你爷爷是什么发型？

生：什么也不是，光头。（笑声）而且于老师您戴着眼镜，穿着一身西服，一点也不显得老，真是帅极了。

师：还没“帅呆”。（笑声）“人是衣裳，马是鞍”，回家转告你爷爷，穿戴很重要，而且越是上了年纪，越要穿得鲜亮一点。（笑声）谢谢你对我热情洋溢的赞美。（转身板书：赞美）——还有要说的吗？

生：于老师，您很和蔼，说话也很幽默。

师：是吗？谢谢你的夸奖。

生：于老师，您虽然年纪大了，但心是年轻的。

师：六十二岁的人，十二岁的心脏。（笑声）

生：于老师，我觉得您像我们的大朋友。

师：我们就是朋友。——就说到这儿吧！同学们，刚才我们之间说的话——我说你们的，你们说我的——用两个字便可以概括（指黑板上的板书）叫——

生：（齐声）赞美！

师：我赞美你们，你们也赞美我。赞美就是赞扬、夸奖。人人需要赞美。赞美能给人信心和力量，赞美也能使人与人之间相处得更好。英国大文豪莎士比亚说："赞美，即是我的薪俸。""薪俸"是什么？就是工资。美国大作家马克·吐温说："一句精彩的赞辞可以作我十天的口粮。"大家看，赞美的作用多么大啊！不信的话，咱们当场演示一下。咱们班谁最爱看课外书？——赵——赵什么？赵燕？请赵燕过来，带一本书。

（赵走到讲台前，师生耳语一番。于老师当她奶奶，赵燕则在房间里读课外书。一会儿，"奶奶"的手机响了。"奶奶"接电话："喂，哪一位？王大婶啊！什么？你要到我家来给儿子借书？好啊！我们家小燕别的不多，就是书多。她都成书迷了。这不，正在看呢！唉，对，对，孩子看书好啊！你看俺小燕，看书多了，人也懂事了，尤其是作文，老师说是突飞猛进！好，好，你下午到我家来拿吧。不客气，再见！"接电话毕，又说："哎哟，光顾打电话了，饭都凉了！燕子，吃饭了！"赵燕仍低头看书。"奶奶"又喊了几声，赵燕似乎没听见，仍坐着不动。）

师：（对大家）看见吗？我在电话里一夸赵燕爱读书，劲头来了，废寝忘食了！她为什么不吃饭？一句赞美的话相当于十天的口粮嘛，我赞美那么多句，还不够她吃半年的！（笑声）这不是演戏，这是真的。不信你们问问赵燕。（生笑）这就是赞美的作用。同学们，在日常生活中，谁要不爱搭理你，有个好办法，你想方设法赞美他。一赞美，他就理你了。（笑声）总之，赞美的作用很大，我们要学会赞美（说完，在"赞美"前面加上了"学会"二字）。一起读读这四个字。

生：（齐）学会赞美。

师：可能有人会说，赞美不就是夸奖人吗，这个还要学吗？是要学习的。请看一幅图——（投影：妈妈做好了饭，一家人准备吃饭。）

师：妈妈上班很劳累，回到家又忙着做饭，吃着妈妈做的可口的饭菜，你准备对妈妈说什么？想一想再说（学生思考，师巡视，作些了解，然后指名说。）

生：妈妈，你今天做的菜可真好吃！

生：妈妈，你今天做的菜味道真美，不咸也不淡，正好！

生：妈妈，你今天做的菜真香，我本来不想吃饭的，有了这道好菜，一碗米饭准不够！

生：妈妈，你做的菜越来越好吃了！

师：说得都不错。大家说说，妈妈听了哪句话会更高兴？

生：哪一句话听了都会高兴的。

师：有没有会更高兴的？（老师又请刚才几位同学重新把赞美的话说了一遍，让学生比较。）

生：说得比较具体一点的，妈妈会更高兴一些。例如第二句。

生：第三位同学虽然没说菜的味道怎么样，但说有了这道菜，胃口大开了，她挺会说的，这句话妈妈听了会更高兴一些。

师：有比较才有鉴别。这么一比较，哪句话更好一些就看出来了。所以，赞美也要学一学，要会赞美。我们可以总结出两条：第一，赞美要尽量说得具体一些，虽然只是一句话。如第二位同学说的“味道美”，“不咸不淡”，这就不是笼统的夸奖。如果说到某一盘菜，就更好说具体了，比如红烧肉，比如炒韭菜，就可以说味道怎么样，烂不烂，嫩不嫩，脆不脆等等。第二，有时可以不直接说，而是换个角度说。如第四位同学说的。比方我们赞美一位同学写的字好，你可以说他写得入体，可以说他写得匀称，可以说写得有力，但也可以不直接说字的本身，可以说：“哟，这是你写的！你不说我还以为是请书法家替你写的呢！”

师：王凯同学在大扫除中表现特别出色，我们在班会上应该怎样说？思考一下。

（师巡视，了解，个别辅导。）

生：王凯同学在这次大扫除中表现特别出色，他擦完玻璃，又浇花，给花洗了个澡，花儿焕然一新了。

生：王凯同学在这次大扫除中干得非常好，他一个人干完了两个人的活儿。他先擦玻璃，后浇花。他把玻璃擦得特别干净，可以说一尘不染，多次受到了老师的表扬。擦完玻璃又去浇花。浇花可是他分外的事儿。花儿洗了个澡，变得更鲜艳了。（还有一人说得大同小异，略。）

师：大家听出来没有，这次我们夸王凯和刚才赞美妈妈有什么不同？

生：夸妈妈的话，一般只是一句；夸王凯的话都说得比较多。

师：这又告诉我们，如果夸别人做的一件事，话说少了就没有分量了。记住：夸人做的一件事，可以把这件事简要地说一说。——咱们班谁帮助别人比较突出？——班长？好，现在咱们就夸夸班长怎样乐于助人的吧。——虽然很熟悉，但也得思考。

生：班长肯帮助别人，我们每个同学都这么认为。

师：是有目共睹的，是大家公认的，对吗？

生：对。他经常帮助我做数学题。有时我不想做，他便督促我。

生：他还经常帮助别人做值日生，拖地、擦黑板，他都干。

生：班长也很大方，他经常把自己的东西给同学用，有好吃的，也分给同学吃。

师：你吃过他的什么东西？（生笑）

生：（笑）吃过的东西多了，最多的是水果。

师：我说你长得怎么这么水灵，是不是与吃班长的水果有关系？（众笑）看来大家还有好多话要说，就说到这儿吧。总结一下，你们是怎样夸班长乐于助人的？为什么话匣子一打开，就滔滔不绝地说个没完？

生：每个人都有话说，都有好多例子。

师：这一点很重要，夸别人一个特点，一个特长，可以围绕着这一个方面举些例子。总而言之，赞美别人，可以“长”夸，可以“短”夸，该长还是该短因人因事而异。但不论怎么夸，都要尽量说得具体一点。

师：你们学过一篇课文叫《狐狸和乌鸦》，课文中的狐狸是不是在赞美乌鸦？

生：不是的，它说的都是假话。

师：那是奉承。奉承人和赞美人是两回事。一个是虚情假意，说假话，企图不良。一个是发自内心，真心实意，说真话。还有一条，会赞美人，首先得善于发现别人的“美”，能正确对待别人，关心别人，尊重别人。不然的话，别人的优点就发现不了，即使发现了，也不愿意去赞美。一句话，我们要做个好人。（掌声）

师：同学们，你们真的很好。一，会听——听别人讲话专心，虚心；二，会说——人人出口成章，个个说话清楚，得体；三，有礼——个个彬彬有礼，举止大方；第四，好学——语文学得好，书读得肯定多。谢谢大家！祝你们更上一层楼。

（徐州市东华小学　武蕾整理）

教师观察

一、目标的确立与教学内容的选择

《学会赞美》是苏教版第七册一节口语交际课的题目，于老师将本课的教学目标确立为引导学生联系生活经验掌握赞美的方法、策略，鼓励学生在生活中学会善于发现别人的美，并予以真诚地赞美。为了达成这一教学目标，于老师选择了以下教学内容：一，联系生活体验，引入交际话题。上课伊始，通过谈话交流，让学生明白赞美的含义，感受赞美的作用；二，学习、掌握赞美的方法、策略。利用教材中设置的插图，引导学生在夸妈妈做的饭菜，在夸同学在大扫除中的表现时，探寻适宜的赞美方法。其间，于老师指导学生在交际活动中通过比较与辨析，明白赞美要尽量把话说具体，也可以不直接说，而是换个角度说；明白夸别人做的一件事，要简要的把这件事说一说，夸别人的一个特点、一个特长，还可以围绕着这个方面举些例子。三，比较“奉承”和“赞美”，确立在生活中发现别人的美，并予以真诚赞美的认识。由于教学目标明确，教学内容的选择契合学生的认知实际，对接了学生言语表达的需要，确保了学生的课堂学习扎实、有效。学生在交际活动中不仅学力得到了提升，言语交际的认识水平也得到了发展。综观整堂课，正是在目标的正确导引下，在教学内容的精心选择下，学生在课堂上才呈现出了一番有情有义的交际生活。

二、学习活动的开展与教师助学

在轻松愉快的对话中，在富有情趣的体验中，开启学生言语表达的心门是于老师口语交际教学的显著特色。课堂上，通过师生间自然的交谈，“赞美”的话题顺势而出。接下来，学生在轻松自然的交际生活中围绕赞美的话题，对“赞美”的真切意蕴，对“赞美”的方法、策略，对“赞美”的理性剖析，对在生活中如何去发现美，探寻着，思考着，辨析着。学习真实而又自然地在每一个孩子身上发生。仔细品味，学生的学习活动从谈话导入揭示“赞美”的话题到情境表演体会赞美的作用，从对赞美的不同方法的探寻，到辨析案例把握赞美的内在意蕴，从学会赞美到如何在生活中发现美，教师始终是着眼于学生的生活经验与表达需求，呈现的是一种教学无痕的境界。这种境界的创造源于于老师对学生的深切体察——他耐心地等待着学生的应答，友善地应对着学生的失误，真诚地赏识着学生的表现，巧妙地点拨着学生的疑难；源于于老师深厚的专业学养——他把握学情，对教材智慧地进行“二度创作”。对教学资源（教材中提供的情境图）不是单一地看图说话，而是联系生活经验指导学生在比较和辨析中，在交往互动中学会赞美；他谙知教者之道，激情导学，授人以渔。整节课，学生兴致盎然。在于老师的巧妙引导下，无论是赞美妈妈，夸赞爱读书、爱劳动的同学，还是赞美班级里帮助同学的班长，大家是夸有法，说有情。他教书育人，整个学习流程既有言语交际方法的探寻，更有人际间友好交往的品质锻铸。学习指导直抵学生的心灵世界，教学既是学法的引导，更是心灵的浸染，很好地实现了“立人”“立言”的教学宗旨。于永正老师以灵动的专业智慧和诚挚的教育情怀为我们生动地诠释了“教师助学”的丰厚意蕴。

三、学生的学习方式与学习状态

言语交际活动强调的是交际对象的互动交往，因此，口语交际教学要让每一个学生真正交际起来，这也是观察一节口语交际课成功与否的重要指标。在本课教学中，于老师非常注重培育学生对话的意识：和教师对话，和插图对话，和同伴对话，和自己对话，和社会生活对话。言语表达训练由浅入深，由感性描述到理性分析，学生的思维随之经历了一个不断探寻、不断思考、不断发现、不断深入的过程。在这个过程中，“如何赞美”的知识结构清晰形成，心理图式得以丰富。不仅如此，在此基础上，学生在辨析“赞美”和“奉承”中，其图式与输入的刺激信息又进行了比较，最终认识到如何去发现“美”。观察学生的学习方式及学习状态，我们可以感受到，围绕“学会赞美”，学生在言语表达活动中，积极建构着关于“赞美”的认知，同时，他们在老师的引导下不断调节着自己的思维和表达，认知能力得到了提升。

四、目标达成

于老师尤其善于调动学生的学习情绪，在他的课上，学生思维活跃，自信满满，口语交际活动不是几个尖子生一统天下。围绕“赞美”的话题，在老师设置的情景中，同伴之间相互练习，认真倾听，他们在比较和辨析中吸纳着，在交流和碰撞中收获着。于老师做到了课堂上让每一位学生动起来，让他们真正交际起来。一节课下来，学生不仅知道了什么叫“赞美”，学会了“赞美”的方法，更主要的是他们关于“赞美”的理性认识，以及人与人之间友好交往，友好沟通，态度和品质得到了锻铸。发现美，创造美，赞美美，这节课给予学生的不仅是方法的学习，还是心灵的浸润，是人格的塑造。在这堂课上，于老师“立人、立言”的教学主张得到了很好的彰显。

（徐州市鼓楼小学　王晓虹）

专家评点

语言美与心灵美的共同培养

古语有云："言为心声。"常人的理解以为语言是人的心声。笔者以为这句话还另有一层含义：语言与人的心灵是相关的，一方面语言表现了人的心灵，另一方面语言还可以塑造人的心灵。有什么样的想法，会说什么样的话语；说了什么样的话语，有可能会具有什么样的心灵。语言与人的存在息息相关。

于老师非常重视语言的双重作用。在教学生语言技能的同时，也重视透过语言对学生的行为品行进行塑造。语言的展开，总是围绕着一定的话题。在语言技能训练时，选择什么样的话题体现了一位老师的教育眼光。可以设想一下，如果把"学会赞美"换成"学会骂人"，学生的语言技能可能会得到同样的培养，但学生的道德品行会被引向何方呢？在现实教育情境中，不会出现以"学会骂人"这样的极端例子，笔者在这里设想这个极端例子旨在通过对比来说明于老师在选择交际话题时具有教育家眼光。于老师的课堂着眼于人的全面发展，设计一些有价值导向的活动，既培养了学生的语言技能，也给予了学生品行方面的教育。

于老师的课堂语言非常生动诙谐，给学生以感染。且看下面这个课堂互动环节：

师：这是正常的，谁都会这样想这样做的。不过，你一见到于老师，心一定凉了半截——原来于老师不过如此而已！

生：不是的！您比我想象得好多了！

师：好多了？你原来是怎么想象我的？

生：我觉得你可能跟我爷爷差不多，满脸皱纹，也喜欢穿一身灰色衣服。

师：你爷爷那是生活简朴，不赶时髦。

生：您虽然年龄和我爷爷差不多，（师插话：年纪差不多。）年纪差不多，头发也花白了，但头型好。

师：就我这长脸，后脑勺还突出一块，也叫“头型好”？（笑声）你说的是不是发型？（生点头）你爷爷是什么发型？

生：什么也不是，光头。（笑声）而且于老师您戴着眼镜，穿着一身西服，一点也不显得老，真是帅极了。

师：还没“帅呆”。（笑声）“人是衣裳，马是鞍”，回家转告你爷爷，穿戴很重要，而且越是上了年纪，越要穿得鲜亮一点。（笑声）谢谢你对我热情洋溢的赞美。

上述这段对话本身就是口语交际的一个典范。当学生说“我爷爷满脸皱纹，喜欢穿一身灰色衣服”时，于老师答道：“你爷爷那是生活简朴，不赶时髦。”于老师及时地给予学生的“爷爷”以赞美，成为学生口语交际的自然资源。

（江苏师范大学　魏本亚）

14

《写招领启事，采访，写报道》课堂实录与评析

课堂实录

第一课时

（上课铃响，于老师拎着一只黑提包走进教室。）

师：同学们，这是五年级一班的邓刚同学昨天下午放学回家的时候，在学校西边的建筑工地上拾到的一只提包，他当时就送到了校长室。朱校长打开一看，里面有700多元钱，还有许多单据。

（说完，将包打开，让学生看里面的钱、单据及手套等物。）

师：大家可以想象出来，失主该是什么心情啊！

生：失主丢了这么多钱，一定焦急万分！

生：一定坐卧不安，一夜睡不好觉。

师：这是肯定的。朱校长请我们想办法找到失主。大家有什么好办法？

生：于老师，好办，咱们写招领启事，张贴出去，就会找到失主。

师：好办法。但是张贴在什么地方呢？

生：请邓刚带着，张贴在拾包的地方。

师：那好，现在咱们就抓紧时间写，写好之后，选几张贴出去。看来，过去于老师教你们写的招领启事还真有用呢！注意写招领启事的格式和要求，别让别人冒领去了。（板书：招领启事）

生：于老师，我们以谁的名义写？

师：以学校的名义写。

（学生带着一种强烈的责任感、使命感，认认真真地写。老师个别辅导。）

生：于老师，您看我写得行吗？这样写，别人不会冒领去吧？

师：（非常高兴地看了看）同学们写得很好，尤其是字迹，从来没有这么工整。应当这样，不然人家看不懂，看不懂，我们写了有什么用呢？有人已经写好了，我请个同学读一读，大家注意听，看看行不行。

生：（读）招领启事。（师插话："这四个字是写在第一行的当中的。"）3月11日下午，我校五年级一班邓刚同学拾到一只提包，内有钱和单据等物。请失主到鼓楼小学校长室认领。（师插话："以上是正文。"）徐州鼓楼小学，3月12日。（师插话："这是署名和日期，另起一行，写在右下方。"）

师：大家对正文还有什么意见吗？

生：要不要写上在什么地方拾到的？

生：我认为要写上。因为徐州市这么大，写了，好找失主。

师：有道理。请加上"在鼓楼小学的西边"几个字，提供一个范围。但也不要写得太具体。

生："黑提包"的"黑"字应去掉，应让失主说。

师：你听得很仔细，想得很周到。

生："有钱和单据"应该改成"内有人民币若干元"，别的不提也行。

师：这样一改就万无一失了。请小朋友认真修改一下，每个小组推荐一份。

（学生修改，誊清，小组评议，推荐。）

师：我看了每组推荐的招领启事，全部合格。咱们就派两位同学去贴招领启事。请邓刚带着。工地附近贴几张，从工地到学校的路上贴几张。

第二课时

（招领启事张贴出去1个小时，失主来到鼓楼小学。失主感激不已，为邓刚买来了一个书包和一个装满文具的文具盒作为酬谢。下午，于老师拿着失主赠送给邓刚的书包和文具盒来到教室。）

师：告诉大家一个好消息，失主找到了！他非常感谢邓刚，感谢我们同学，特地为邓刚买了一个书包，一个文具盒。校长说了，要我们把邓刚拾提包的事了解了解，写下来，要在红领巾广播站广播，在全校大会上表扬，还投徐州日报社。现在，我把邓刚同学请来，咱们以红领巾广播站小记者的身份采访一下，再写下来。我们已经采访过不少人了，请立即把要提的问题写下来。

（学生在本子上写准备提的问题）

（写好之后，派人将邓刚请来。）

师：同学们，这就是五（1）班的邓刚同学！（掌声）

师：邓刚，你做了一件好事，我们想把你做的这件事了解一下，写下来，请你回答我们的问题。

（邓刚点头）

生：请问邓刚同学，你昨天下午什么时候，在工地的什么地方发现那只提包的？

邓：昨天下午放学回家，那时也就是4点半吧，我路过学校西边的建筑工地，看见一堆砖头下面有一只黑提包。我走到跟前一看，提包比较新，不像是有人扔掉的，便把它拾了起来。一提，沉甸甸的，打开一看，原来是一包钱，还有一些单据，那么多……

生：你当时数了吗？

邓：我没有数，连忙把拉链拉上了。

生：你这样想过吗？——啊，这下我发洋财了！（笑声）

邓：没有这种想法。当时我很紧张，有点害怕，怕有人来抢。

生：当时只有你一个人吗？

邓：只有我一个人。我向四周看了看，心想：失主一定很着急，说不定会来认领的。于是，我就在那儿等。

生：那你为什么又送给朱校长？为什么不送给班主任老师？

邓：大约等了十几分钟，看没有人来领，又害怕别人冒领，就决定送到学校。我来到学校门口，松了一口气，又站在门口等了几分钟，仍然没有人来领。我进了校门，本想交给班主任，可是办公室关门了，便交给了朱校长。

生：朱校长接过来数里面的钱了吗？

邓：当时就查了，于老师也在场，一共700多元。

师：是700多元，另外还有些单据和一副手套。

生：邓刚同学，你一个人拾到那么多钱，主动交给校长，很了不起，我们听了很感动。

生：我要向你学习！

师：这种拾金不昧的精神非常可贵，值得大家学习——还有问题要问吗？

生：邓刚同学，你是干部吗？

邓：不是。

生：你是三好学生吗？

邓：……我……

师：看样子是的，不好意思说，是吗？

邓：是的。

师：邓刚不愧是个三好学生！（对邓）邓刚，失主已经找到了，他非常感谢你，这是他赠送你的礼品。不过现在不能给你，明天晨会，校长要当着全校同学的面，把它递到你手里。最后，我代表全班同学感谢你接受我们的采访。

生：我还想问个问题：邓刚同学，你以前拾过东西吗？

邓：拾过。上二年级的时候，我在街道花园拾过一个书包。我一看里面的本子上写着"黄河新村小学"，就让爸爸送到学校去了。

师：看来，邓刚拾金不昧是一贯的。这个问题提得很有必要。——还有话要说吗？

生：邓刚同学，我代表全班同学再一次感谢你，你为红领巾增添了光彩。

（全班同学以掌声欢送邓刚）

师：通过采访，我们不但了解了事情的全部经过，了解了邓刚当时的想法，还知道了邓刚平时的表现也很好，拾金不昧是一贯的。对于这样的好人好事，就应该大力宣传，大力表扬。同学们听了很受感动，很受教育，"情动而辞发"，我相信，大家一定会把这件事写好。这次，于老师不和大家讨论如何写，也不命题，你们自己考虑。现在，离下课还有几分钟，大家先构思一下，构思好了就可以动笔了。

第三课时

师：上一节课，人人都动手写了。有的已经写了大半张纸，最少的，也写了三四行了，现在咱们相互交流一下。（老师指名读）

生：（读）3月11日下午4点半，鼓楼小学五年级一班的邓刚同学放学回家。路过一个建筑工地，发现一堆砖头下面有一只黑色提包。他走到跟前一看，提包比较新，不像被人扔掉的。他一拎，沉甸甸的，打开一看，他惊呆了！原来是一包钱！……

师：这时邓刚还不会惊到这个程度，可改为"吃了一惊"。

生：（接着读）他急忙把拉链拉上。他向四周看了看，没有一个人，他想：这是谁丢的包呢？可是，他等了十分钟……（该生只写到这儿。）

师："他想"后面还要加一句，因为这时邓刚想的不只是谁丢的包。——谁补充一下？

生：邓刚还想：丢包的人该多么着急呀！失主发现丢了包，一定会找的，我就在这儿等等吧！

师：补充得好！这就把邓刚急他人所急的思想表现出来了。——再请位同学读读。

生：（读）3月11日下午4点半，鼓楼小学朱校长和于老师正在校长室谈工作。一位胖乎乎的穿着一身蓝制服的男同学气喘吁吁地跑进来，说："朱校长，给，包……我在校外拾的。"（师插话："这时邓刚已经不那么紧张了，不至于气喘吁吁。"）朱校长接过来，打开一看，果然是一包钱。一数，730元整！这个拾包的同学不是别人，他……（该生只写到这儿）

（接着又请一位同学读开头部分，略。）

师：这些开头各有千秋，他们很会动脑筋。大家可以参考。——请接着往下写。

（学生继续写，20分钟，半数以上写完。）

师：没写完的暂停一下，我们请写完的同学到前面来读读。

生：（读）五年级一班有个同学叫邓刚，今年11岁了，个子不高，胖乎乎的，穿一身整洁的蓝校服。3月11日下午放学，他路过一个建筑工地，发现一堆砖头旁边放着一只黑提包。他走过去一看，还是新的，他一提，沉甸甸的，拉开拉链一瞧，吃了一惊，原来是一包钱！他的心立刻突突地跳起来，连忙把拉链拉上。他向四周看了看，工地上空荡荡的，没有一个人。（师插话："这几句描写很细腻。"）他站在那里，不禁害怕起来。他怕有人把包抢走。他想到学校去，可又一想，失主发现包丢了，该多么着急呀！他一定会来找的。10分钟过去了，没有人来认领。他不敢再等了，（师插话："前边加一句'天色渐渐暗了下来'。"）抱着包往学校走去。（师插话："'抱'字很形象，可以看出邓刚当时的心情。"）走到校门口，心里踏实了，回头看了看，（师插话："'看了看'改为'望了望'。"）发现没有人。他又在门口等了几分钟，见仍没有人来领，便走进学校。办公室门关上了，他来到校长室，把包交给朱校长。校长询问了拾包的经过，问了邓刚是哪个班的，非常高兴地说："你真是个拾金不昧的好学生！"邓刚同学是个三好学生，拾金不昧是一贯的，他为红领巾增添了光彩。

师：这篇文章写得很漂亮，几乎不需要修改。不知大家注意了没有，读的同学都没有念题目。是没写呢？还是写了没念？写好题目的同学请把题目告诉我。

生：我的题目是《拾金不昧的好队员》。

生：我的题目是《拾金不昧》。

生：我的题目是《他为红领巾增添光彩》。

师：这个题目不错。我认为还要加个副题："记拾金不昧的邓刚同学。"题目自己定，写好了抓紧时间修改，并誊清，我要选两份交给朱校长，一份送广播室，一份寄报社。

（徐州市东华小学　甄真整理）

教师观察

一、目标的确立与教学内容的选择

《写招领启事，采访，写报道》是小学语文四年级的一节口语交际课，于老师将本课的教学目标确立为：引导学生联系生活事例掌握招领启事的写作格式和内容要求，培养学生实际写启事的能力；鼓励学生在交际中学会围绕主题提问，对他人进行采访；初步掌握报道的写作方法。为了达成教学目标，于老师选择了以下教学内容：一，激情入境，掌握写招领启事的方法。上课伊始，于老师拎一只黑提包走进教室，创设了情景，引入交际话题。学生带着强烈的责任感、使命感，认认真真写招领启事，其间于老师个别辅导，学生较好地掌握了写启事的方法。二，情景模拟，学会采访。于老师是一位睿智的老师。他依据学生的年龄特点及心理趋向，精心设计招领启事张贴后失主酬谢现场，从学生熟知的生活实践中模拟采访拾金不昧者的口语交际情境，学生自然兴致勃勃地参与练习，自然有话可说，较好地掌握了围绕主题提问，对他人进行采访的方法。其间，于老师对采访者精辟的评价、引导，也为下面迁移写报道作了很好的铺垫。三，迁移运用，学习写报道。教学中，于老师引导学生进行生生互改，师生互改，学生对同伴的作文充满好奇，在互改中学到了他人的习作方法，提高了分析判断能力。信息的双向交流，使学生的主体作用得到充分发挥。

二、学习活动开展与教师助学

在本课教学中，于老师以一个学习者的身份加入学生们的学习中去，感受角色，进入交际情景，在点拨、引导和轻松愉快的对话中拉近了师生之间、生生之间的情感距离。面对熟悉的人和富有情趣的事，学生处于一种较宽松的环境，无所顾忌地表达自己的所思、所想。“采访”环节，每个学生都动了起来，学生在于老师巧妙引导下，交际能力得以提高，道德水准得以提升。习作中于老师营造安静的习作环境和讲求效率的习作氛围，在巡视中对个别学生给予指导和帮助。对于学生所写的报道内容，于老师循序渐进地引导学生通过“读”的方法开展评议、修改。质疑、评议、修改等方法不但促成了生生互动、师生互动，活跃了课堂气氛，而且使学生比较容易把事情说清楚，说具体，提升了学生的写作能力，呈现了一种教学无痕的境界。

三、学生学习方式与学习状态

言语交际活动强调的是交际对象的互动交际。在本课教学中，于老师将口语交际与语文学习有机融合，实现了学生学习效益的最大化。一是让倾听成为习惯。别人发言的时候，要集中注意力听清楚对方表达的意思，把握对方发言的中心与重点，以便及时做出恰当的反应，这个始终贯穿于师生互动、生生互动之中，这样的课堂有条不紊，活泼、灵动。二是让表达更为真挚。口语交际有赖于情感的催生，只有以“情动”促“辞发”，真正意义上的口语交际才能实现。第二个教学环节，“对于这样的好人好事，就应该大力宣传，大力表扬。我相信，大家一定会把这件事写好”。同学们听了很受感动，很受教育。“情动而辞发。”由于学生前期交流中已“情满于山，意溢于海”，自然水到渠成，下笔成文。三是让学生说写有机链接。于老师把口语交际与习作合二为一，以说导写。教学中，学生用简洁明了的话写招领启事，为后面采访报道进行了铺垫。

四、目标达成

实践证明，交际情景与学生生活实际相贴近，学生才会乐于参与其中，产生身临其境的感觉和积极的情感体验，有话想说，有话可说。教学中，于老师在话题过渡这一环节，虚拟了一个符合学生生活实际而又富有生活情趣的具体情境，把全班同学的主动性调动起来了。采访过程中，于老师在学生充分准备问题的基础上，派代表实地采访，老师适时的指导，肯定的评价，使学生自信满满，思维活跃，既为学生提供了充分参与的口语交际实践机会，又让学生成为了课堂的主角，把整节课推向高潮。学生完成了采访报道，锻炼了口语表达能力，通过这样的多向互动，整个课堂气氛相当活跃，课堂成了学生的舞台，学生成了学习的主人。

（沛县歌风小学　马海荣）

专家评点

设计典型情境，巧妙整合“说”“写”能力

于永正老师的口语交际课最大的特点是于老师善于发现学生生活中的典型事件，然后把典型事件作为话题，引进课堂，以学生生活事件为教学活动的媒介，在学生经历的世界中教会学生写作和口头交际。

在这个课例中，班上有个同学拾到了一个皮包，需要找到失主。

于老师把这个事件引进课堂，学生们提出的解决办法是找到失主。“找失主”这种社会行为如何才能达成呢？部分语言学家提出语言具有“能做”的功能，即通过语言达成某种社会行为。“找”是一种社会行为，“写招领启事”是一种语言行为，语言行为是为了完成社会行为。还可以把“找失主”看成是一种社会任务，“写招领启事”是一种语言任务。语文课程的目标是培养学生学会完成“语言任务”，但“语言任务”通常是以“社会任务”为背景的。大多数情况下，“语言任务”是去掉了社会背景和交际情境，使学生无法产生完成“语言任务”的兴趣和积极性。于老师把同学们生活中的事件引入课堂，实际上是为要学习的“语言任务”引入了社会背景和社会情境，提高了学生的学习兴趣和学习积极性。

于老师的口语交际课还有一个突出特点是：能巧妙把“说的能力”和“写的能力”进行整合。这个课例也是如此。先让学生写，再让学生读，再进行采访活动，再进行写作活动，学生“听说读写”各方面的能力都分别得到了锻炼。最可贵的是，通过一个完整的生活事件，“听说读写”的能力被巧妙贯穿起来了。

（江苏师范大学　魏本亚）

15

《认识苹果》课堂实录与评析

课堂实录

第一课时　写保证书、转述通知

师：同学们，还记得阳春三月我们到徐州果园赏花的情景吗？我们漫步于粉红色的桃花、雪白的梨花、略施粉黛的苹果花中，那么令人心旷神怡，那么令人陶醉。春华秋实。转眼秋天到了。秋天的果园，硕果累累，一片丰收的景象。告诉大家一个好消息：星期六上午，我们到徐州果园参观，请园艺师介绍几种常见的苹果。（学生热烈鼓掌）不过，我到果园去联系的时候，人家对我们有点不放心。我想，也是的，果园可不是一般的去处，万一哪个同学这——（说着做了个摘苹果的动作），怎么向果园的人交代呢？（笑声）

生：于老师，您放心，我们保证不动人家的苹果！

生：于老师，您还不相信我们吗？我们向您保证！

师：口说无凭。

生：我们写下来！行吧？

师：当然行。我们学过怎样写保证书，再说有些同学曾经几次向班主任写过保证书，熟练得很。（众笑）学过的知识和本领今天派上用场了。写吧，谁写得好，就让谁去。（学生们以少见的认真态度写保证书）

师：请停下来。有的同学写得不错，也有人写得不大符合要求，我请两位同学读一读。

生：（读）保证书。一、到了果园，我保证遵守纪律，不摘苹果。二、保证认真看，认真听园艺师的讲解。

生：（读）保证书。星期六上午我们到果园参观。为了让果园工人放心，使这次活动顺利进行，我保证做到以下几点：一、严格遵守纪律，不乱跑，不离队，爱护果园里的一草一木，不摘苹果。二、不讲话，认真观察，聚精会神听园艺师讲解，并认真记录。

……

师：听了这两位同学读的，同学们一比较，一定发现出了问题。

生：第一位同学开头少了几句话。

师：对了。开头一定要扼要地说明一下，为什么写保证书的。凡是没写的，请补上去。参观的时候，要注意哪些问题，要尽量考虑全面一些。

（学生继续写）

生：（站起来）报告！于老师，孙建军看我的！

师：看你的！他是向你学习，没关系。（笑声）因为一个人考虑问题总不会那么周密。（几个写作能力较差的学生左顾右盼，有的干脆抄别人的。）

师：看来“政策”不能放宽。（笑声）同位写的，可以参考，但不能照抄。（走到一位男生跟前）你抄了同位的几条？

生：（不好意思）我只抄了一条。我怕我写不好，您不让我去。（众笑）

师：这样吧，前后左右的同学讨论讨论，交换一下意见，然后写。

（学生热烈讨论，交换意见）

师：这回一定写得不错了。谁写好了？请到前面读读好吗？

生：（走到讲台前读）保证书。星期六上午，我们到徐州果园参观。为了使参观活动顺利进行，取得圆满的结果，我们保证做到以下几点：一、参观的时候，认真看，认真听，认真记。二、爱护果园里的一草一木，不摘苹果，时刻记住自己是一个少先队员。（师插话："大家都记住这一点，自觉约束自己。"）三、上车下车做到有秩序，上车不抢位。（师插话："'做到'二字可以划掉。"）说到做到，请老师和同学们监督。保证人：××，9月14日。

师：这份保证书写得不错，我看了，格式也正确。别人还有补充的吗？

生：我再补充一点：园艺师讲的时候，如果有不明白的地方，要及时问，要做到有礼貌。

师：这条加得好。

生：参观的时候，不一个人乱跑。

师：有道理。你想，你一个人跑了，做了违反保证的事，谁知道呢？（众笑）

生：果树之间，还种着庄稼，不能踩坏。

师：看来，你去过果园。——同学们，每人把写的保证抄在一张纸上，贴在"学习园地"里，一来互相学习，互相监督，二来也算是一次作业展览。有个通知：每个人回家把参观的事告诉家长，请家长大力支持。每人准备5元钱，一个提包，带着笔和本子。星期六早饭吃饱一点，万一回来晚了，不至于挨饿。可适当带点饮料。每人都要戴顶太阳帽。穿跟脚的运动鞋，最好不穿凉鞋。

生：于老师，我没有太阳帽。

师：可以买一顶。如果买有困难，我帮你解决——我说了这么多，记住了吗？说说看。（一生说了一遍，几乎一字不差。）

师：我讲了那么多的内容，其实是两个方面。大家要善于抓住别人说话的重点。

生：一个方面讲的是要带的东西。一个方面讲的是吃的。

师：除了吃的，还有什么？

生：还有穿的。

师：这就把要点抓住了，抓住了要点，就好记。回家说的时候，千万别漏了。

（下课）

第二课时　参观果园

（星期六上午，天高云淡。于老师带着学生来到果实累累的果园。农艺师潘师傅把同学们带到一棵苹果树下。）

潘：小朋友，欢迎你们到我们徐州果园来参观。苹果的品种很多，光我们的果园就有几十种。这棵苹果树叫“红星”（说完，从树上摘下一个大苹果。）红星苹果比较大，属于大果型。它的形状像什么？看看，像不像削掉尖了的宝塔？日光晒的一面是红色的。大家注意看，是不是一片红？（说着，走到小朋友中间，让小朋友仔细观察。）

生：一片红。

生：不是一片红。仔细看，是一条条红线排列起来。

潘：对，这叫“浅红”，不像别的苹果像搽了胭脂一样红得那么均匀。这种苹果的萼洼（指苹果头上面的洼坑）上，有五个突出的楞，像一颗五角星，所以人们给它起了个名字叫“红星”。红星苹果有芳香的气味（说完，让学生逐个儿闻），这种香味像什么水果的香味？

生：像香蕉味儿。

潘：看，杨博馋得口水都流出来了，先给他吃。（众笑）但是，吃了以后，要告诉大家什么味道，好不好吃。

杨：（品尝）甜，很甜。又香又甜！

潘：酸不酸？

杨：不酸。

潘：红星苹果品质优良，属于一类果。在徐州，9月下旬成熟，是中熟品种。

潘：（走到另一棵苹果树下）小朋友，这棵苹果树叫金帅。金帅苹果也比较大，形状是椭圆形的。现在的颜色发青，完全熟了，是金黄色的。皮上有许多星星似的点点，这叫“果点”。这是金帅苹果的一个显著特点。它的味道怎么样呢？（学生尝）

生：味道好极了！甜，有一点点酸。

潘：这是刚从树上摘下来的缘故。放几天就不酸了。金帅品质优良，成熟了又呈金黄色，所以人们叫它“金帅”。帅就是元帅的帅。它也是一类果、中熟品种。

（潘师傅依次又把学生带到红玉、小国光苹果、倭锦三种苹果树下，同样作了详尽的介绍。介绍完了5种苹果，稍事休息。学生兴致勃勃地从这一棵苹果树走到另一棵苹果树，判断它们是哪一品种。集合后，潘师傅把学生带到一堆苹果跟前。)

潘：小朋友，刚才我向你们介绍了5种苹果。这堆苹果里，有红星、红玉、金帅、小国光和倭锦。现在，我请一位小朋友从中找出一个小国光。找出来了，要告诉大家，为什么说它是小国光。

生：潘叔叔，这就是小国光苹果。它的个儿比较小，是扁圆形的，颜色发青，太阳晒的一面有一点淡红色。

潘：对！他的萼洼浅，比较平，吃起来脆，甜中带酸，能开胃口。

潘：谁还有补充？

生：小国光属于一类果，晚熟品种。

潘：小朋友听得认真，记性好，说得很全面——谁再从中找出一个红玉？

师：请朱飞飞来找，他对红玉苹果最熟悉。(原来，朱飞飞前不久到水果店去买苹果，因不认识苹果，买了一篮子好看但不大好吃的红玉。)

朱：红玉苹果比较大，比较圆。它最大的特点是红，红得发紫发亮，像块玉。可惜不大好吃。我那天买回家一尝，味儿酸，水分不多。吃了两口，差一点把牙给酸掉了，上当了。(众大笑)

潘：这种苹果是有点酸，但不至于酸掉牙！红玉苹果产量高，营养丰富，适宜做罐头。这是它的优点。——谁找倭锦苹果？

生：(举起倭锦苹果)倭锦苹果也比较大，一半黄绿色，一半红色，像红星一样，也是浅红。他的萼洼特别深。倭锦水分少，味儿酸，是三类果。

(潘师傅又叫小朋友从中找了一个金帅，一个红星，并讲了它们的特点。)

师：同学们，时间过得真快！在参观活动即将结束的时候，大家对潘师傅说点什么呢？

生：潘叔叔，您在百忙之中抽出时间为我们介绍苹果，使我们长了不少知识，我们向您表示衷心感谢！

生：潘叔叔，您辛苦了，麻烦您一上午，真过意不去！

潘：为小朋友介绍苹果，我很乐意。

师：朱飞飞同学一定有话对潘叔叔讲。

朱：今后我再也不会买好看而不好吃的苹果了！

诗：潘师傅，您今天给我们上了一堂非常生动的课，使我们受益匪浅！我代表全班同学再一次向您表示感谢！

潘：不要客气。

师：小朋友，果园工人为我们每个人准备好了一袋苹果，里面有金帅、金星、红玉、小国光、倭锦。每袋只收3元钱。今天晚上回家，一，向家里人介绍这5种苹果；二，写一篇日记。（学生喜不自禁。）

第三课时　为苹果写“说明”，练习讲解

师：上星期六我们到果园参观，收获很大。我布置的“家庭作业”完成了吗？

生：完成了！

师：家长有什么反应？

生：我向爸爸、妈妈介绍5种苹果的特点，爸爸妈妈说：“想不到苹果还有这么多名堂！”

生：我妈妈说：“俺孩子长见识了，今后买苹果你跟着当参谋！”

师：同学们，别班的同学听说我们到果园参观，非常羡慕，纷纷

要求去。可是，果园正值大忙季节，没法接待。校长请我们班举办个苹果展览，让其他同学来参观，不同样能达到认识苹果的目的吗？我们班决定本周六举办苹果展览。每个同学回家从一种苹果中各找出一个大个儿的拿到学校当展品。展出的时候，每种苹果前面还要放一张“说明”，不然人家怎么能知道叫什么苹果，怎么能掌握它的特点呢？怎样写“说明”呢？（板书：说明）第一行的当中，先写上苹果的名称。如果是红玉，就写上“红玉”，写大一点，醒目一点。下面分项写。可以写形状、颜色、品质、类别、成熟期等。（边说边将上述词语板书在黑板上）以上几个方面的特点，大家很熟悉了，写起来不会有困难。为了省时间，咱们分成5组，每组写一种。一定要把特点写清楚，让参观的人一看就明白。

（学生写，老师辅导）

师：不少同学写好了，下面请个同学读一读。

生：倭锦。一、形状：圆，大果型，萼洼圆而深，果蒂粗、短；二、颜色：色泽鲜，朝太阳的一面鲜红，有的是浅红，背着太阳的一面呈黄绿色；三、品质：水分少，味酸甜，存放时间长变面；四、类别：三类；五、成熟期：9月上旬。

师：写得很清楚。我每个人发一张纸，请把写的说明抄在上面。字体要大，写得要工整，谁写得好，就把它放在展品旁边。

（学生在老师发的白纸上誊写）

师：展品、说明有了，举办展览还得有讲解员，特别是低年级的小朋友，他们看不懂说明，没人讲解怎么行呢？见过展览会的讲解员吗？

生：我们参观卫星展览时，就有人讲解。

生：参观王杰烈士纪念馆时，也有讲解员讲解。

师：这次我们为参观苹果的人当讲解员，主要把每种苹果的特点讲清楚，使参观的人很快了解每种苹果的特点。这一点好办，把“说明”背下来就行了。担任第一组解说员的同学还有个任务——要说几句表示欢迎的话，同时，还要把我们举办苹果展览的目的扼要地说一说。想一想，怎么说。

生：同学们，首先，我代表四（1）班全体同学欢迎你们来参观苹果展览。

生：热烈欢迎！

师：这样说可以。我们举办展览的目的是什么？

生：为了让大家认识几种常见的苹果。

生：认识了，买苹果就会挑了，不会上当了。

师：第一组的同学都要把“开场白”写下来，背下来。语言要美一点。第五组介绍完小国光要来两句结束语，应该怎么说？

生：同学们，参观到此结束，请留下宝贵意见。

生：还要说声“再见”。

师：对，别忘了。剩下的时间，请每个人把写的“说明”背下来，要背得滚瓜烂熟。

（学生背。老师作了检查。）

（下课）

第四课时　继续练习讲解，写海报

师：为了举办苹果展览，我们写了说明，练习讲解。当讲解员是不容易的。除了能把展品的特点讲得明明白白，还要做到彬彬有礼，热情大方。你现在说得可能很流利，一旦上场，可能会紧张得什么都忘了，一下子卡壳了。这节课，我们再练习一下。

我这里有5个苹果，大家一看就知道是5个不同品种的苹果。我想请5个组的同学都到前边来讲讲试试，大家就是观众。先请第一组来讲“红星”，别忘了，你们还要来几句“开场白”。

生：（走到讲台前）为了让大家了解几种常见的苹果，我们四年级一班举办了这次苹果展览。同学们，你们知道吗？苹果是一个大家族，它有几十种呢！从外表看，有大的，有小的，有红的，有绿的，有黄的，有椭圆的，有扁圆的。它们形状不一样，品质也不一样。你们看——这是红星苹果，这种苹果比较大，形状像一个削掉尖的宝塔……

师：这位同学的开场白说得相当精彩，把红星苹果介绍得也很详尽，可惜少说了一句话。

生：她开始忘了说句欢迎的话。

师：你们看，这么聪明的同学竟能忘记一句非常重要的话！可见，当众讲解不容易。再请第一组同学来讲一下。态度要自然大方。

生：同学们好！欢迎大家到我们班来参观苹果展览。有人可能会说，苹果有什么好看的？不对！苹果的学问可大了！今天展出的只是常见的5种。同学们知道了这些苹果的特点，就可以根据自己的需要购买了。这是红星苹果……

师：对他讲的有什么意见？

生：×××讲得不错，就是有点不自然，两只手好像不会动似的。（笑声）

师：手不知往哪儿放，好像有点多余了，是吧？我有个办法，请你拿着老师的教鞭讲，但是不能指同学，可以指指苹果，不指就拿着，随便拿着，两只手，这样——（师示范）像拿枪似的。也可以拿起一个苹果讲。总而言之，手里拿着东西就会好得多。请你再来一遍。

师：下边讲的时候，手里都可以拿着教鞭。

（接着，学生又依次讲了其余4种苹果。略）

师：请同学们回家进一步练习。——展览会的筹备工作基本做好了，星期六可以如期举行。怎样把办展览会的消息告诉大家呢？

生：咱们写个通知书到广播室里广播一下.

师：写通知不妥当。一般地说，通知的事是必须做到的。而参观我们展览是自愿的，愿来就来，不来拉倒。这样的事，写海报最合适。见过海报吗？

生：我在体育馆门口见过张贴的海报。上面写的是体育比赛的消息。

师：怎样写的，你注意了吗？

生：第一行写的是“海报”两个字，很大。

师：下边呢？

生：下边记不得了。

师：下边的正文很简单，写上什么时候，在什么地方举办什么展览，欢迎什么人参观就行了。最后署名，写日期。想一想，我们的海报该怎么写？

生：于老师，我们星期六在哪儿举办展览？

师：在阅览室。

生：正文这样写：星期六下午，四（1）班在学校阅览室举办苹果展览，欢迎同学们参观。

师：这次参观要有秩序，因此要提出“各班要排队入场”的要求。最后署上我们的班级和日期。

（老师指导学生写海报。最后指定一位毛笔字写得好的同学，将她写的“海报”写在一张红纸上，张贴在校园里。）

（一切准备就绪，该班成功地举办了这次苹果展览，接待了前来参观的广大师生。）

第五课时　写“照片说明”和报道

师：上个星期六下午，我们成功地举办了一次苹果展览。让我们回过头来看一看，取得成功的原因是什么？

生：成功的原因有很多，有我们的功劳，也有老师的功劳。

生：主要是老师的功劳。

师：不对。老师和同学交口称赞同学们讲解得好，为了当好讲解员，大家付出了大量的心血。说说你们是怎样认真准备的。

生：为了当好讲解员，我回家对着镜子练。

师：手里拿小棍了吗？

生：我一手拿着小棍，一手拿着一个苹果讲，妈妈说我着魔了。

生：我还把同院的两个小孩请到家里来，讲给他们听。

师：真没想到，同学们这样认真！付出了这么大的劳动！

生：我妈妈听说我要当讲解员，拉着我的手让我讲给她听。她比电影导演还严呢！一个字没说清楚都不放过。

师：真得感谢你妈妈呢！这次展览会取得成功，也有家长的一份功劳。总之，是与同学们的努力，各方的支持分不开的。我们之所以说展览取得成功，是因为达到了我们的预期目的。我们举办苹果展览的目的是什么？

生：让同学和老师认识几种常见的苹果，认识了，买的时候就可以挑选满意的苹果。

师：就不会像朱飞飞那样，上当了。（笑声）在筹备的过程中，我们自己也得到了锻炼，大家学到不少东西。想一想，有哪些收获？

生：我们学习了写说明，写海报。

生：学习当讲解员，锻炼了我们的口才。

师：不知同学们注意了没有，我们举办展览会的星期六下午，有一个摄影的人。那人是徐州报社的摄影记者。他从拍的照片中选出了一幅，准备在徐州日报上发表。（取出照片）这位记者请我们为这张照片写几句“说明”。另外，还要求我们为报社写篇报道。（板书：报道）连同照片，一块在报上发表。怎样写通讯报道呢？1.要把时间、地点交代清楚；2.展室布置要略加描述；3.写清接待了多少人；4.写出举办展览的意义，这是重点；最后，交待一下举办成功的原因。题目就叫《记鼓楼小学四（1）班苹果展览》（板书题目）。

（全班同学写，老师巡视。）

师：开头很重要，也比较难写。我发现有几个同学写得很有特色，现在请几个同学读一读。题目不必读了。请夏乐天读一读。

生：9月24日下午，鼓楼小学四（1）班在校阅览室举办了一次别开生面的苹果展览。苹果是一个大家族，有几十个品种呢！举办这次展览的目的，就是为了让同学们认识几种常见的苹果。展厅布置美观、大方。黑板上写着……

师：这位同学先交代举办展览的时间、地点，再写举办展览的目的，下边看样子要写展厅的布置。写得不错。下边请刘蓓读一下开头。

生：为了使广大师生认识几种常见的苹果，9月24日下午，鼓楼小学四年级一班在校阅览室举办了一次苹果展览。展览室的黑板上写着“苹果展览”四个醒目的大字。旁边画上一棵结满了累累硕果的苹果树。（师插话：这句话应改为“画了一棵硕果累累的苹果树”。）桌子上铺着浅蓝色的桌布，上面整齐地摆着红星、红玉、金帅、倭锦、小国光5堆苹果。几瓶鲜花放在苹果中间，把整个展览室点缀得更美了。

……

师：这两位同学写的开头都不错。写作有困难的同学可以借鉴，但不要照抄。——请接着往下写。

（学生继续写。写好了，于老师当众评改了两篇。）

师：现在请同学们考虑一下，怎样为这张照片写几句说明。

生：鼓楼小学四（1）班9月24日成功举办了一次苹果展览。徐敏同学正在向小朋友们介绍苹果。

生：如果这幅照片和我们写的报道一起登，第一句话可以不要。

师：有道理。但是，如果单独发表呢？单独发表怎样写说明？

生：如果单独登，就必须多写几句，把时间、地点，还有目的都写上。

师：也就是把我们刚才写的报道概括一下，浓缩一下。写写看。看谁写得既简练又全面。这个，写好也并不容易。

（学生写。指名读。）

生：鼓楼小学四（1）班9月24日在本校阅览室举办了一次苹果展览，受到广大师生的欢迎。图为XX同学正在向参观的小朋友介绍金帅苹果。

生：办展览的目的没有写。

师：这一句要加上去，加在开头。——同学们把写的报道、说明一起抄在作文簿上，我从中各选一篇寄到报社。

（后来，徐州日报果然发表了同学们写的一篇报道，还有一张照片和照片说明。）

（徐州市东华小学　沈琳灵整理）

教师观察

一、主题单元，系列交际

本课例以“认识苹果”为单元主题，分四个板块，引导学生进行了系列的综合交际活动，比如：学写“保证书”，练习“转述通知”，在亲临实境中进行交际，为苹果写说明，为苹果展示当“小讲解员”，练习写海报，写“照片说明”和报道，等等。一个主题，多项训练，层层递进，相互连贯。在一系列的交际实践中，培养了学生的交际能力。

教师选择的交际主题——认识苹果，对于四年级的学生来说，是既熟悉而又陌生的。说它“熟悉”，是因为学生都见过、吃过苹果；说它“陌生”，是因为学生对于苹果的种类和特性是陌生的，学生对于“写保证书”“转述通知”“写说明书”、“当讲解员”、“写海报”等这些交际的形式是陌生的。借助学生熟悉的生活内容，进行陌生的交际形式训练，是非常巧妙而又科学的，真正体现了《语文课程标准》的要求：努力选择贴近生活的话题，采用灵活的形式组织教学，注重听说读写的相互联系。

二、真实需求，驱动交际

口语交际教学的基点应该是：真实的语境，真情的表达。学生只有在真实的语境中才有表达的内驱力，才能进行真情实感的交际活动。正像《语文课程标准》要求的那样：教学活动主要应在具体的交际情境中进行，不宜采用大量讲授口语交际原则、要领的方式。学生真实的交际需求，是进行口语交际教学的最初起点和根本动力。

1.想看秋实有担心，自愿立下保证书。看过“春华”的同学们，当然想一睹“秋实”的美景，但是果园管理人员“有点不放心”，合情合理。怎么办呢？“我们保证不动人家的苹果”，“我们写下来！行吧？”没有外在的要求与胁迫，一切出于自愿。想看美景的愿望驱动着同学们自觉地学写保证书，写好保证书，润物无声，水到渠成。

2.请求家长支持，练习转述通知。为了更好地参观果园，需提前做好一些准备工作，比如：“每人准备5元钱，一个提包，带着笔和本子。”“可适当带点饮料。每个人都要戴个太阳帽，穿跟脚的运动鞋。”这些准备工作，必须赢得家长的支持与配合。怎么让家长知道并且支持呢？转述通知是最佳的路径。

3.别人渴望分享，练习宣传讲解。同学们参观了果园的美景，品尝了苹果的美味，其他班的同学多么羡慕，家长多么想聆听孩子在果园的见闻。怎么办呢？当然是讲给家长和同学们听。于是，为苹果写“说明书”，为办展览写“海报”，练习当“讲解员”等等，一切交际活动，顺理成章。内部需求驱动自主交际，学生的一切交际活动，都是发自内心的、自愿的、积极主动的。

三、点拨交流，学会交际

在学生进行交际的过程中，教师的指导非常关键。没有教师的指导，学生的语言交际水平只在原地徘徊，或者进步很慢；只有充分发挥教师“金手指”的点拨作用，学生的语言交际水平才能得到快速的提升。

1.交际内容的点拨。练习写“保证书”时，老师提醒同学们：“开头一定要扼要地说明一下，为什么写保证书”；参观完苹果园以后，老师提醒同学们要对潘师傅说点什么，“潘叔叔，您在百忙之中抽出时间为我们介绍苹果，使我们长了不少知识，我们向您表示衷心感谢！”“潘叔叔，您辛苦了，麻烦您一上午，真过意不去！”情真意切，恰当得体；为苹果写“说明”时，教师介绍“说明”的一般写法："第一行当中，先写上苹果的名称。如果是红玉，就写上'红玉'，写大一点，醒目一点。下面分项写，可以写形状、颜色、品质、类别、成熟期等。"既提示了写的形式，又讲清了写的内容，清楚明白，细致具体。在练习当"小讲解员"时，教师提醒学生："担任第一组解说员的同学还有一个任务——要说几句表示欢迎的话，同时还要把我们举办展览的目的扼要地说一说。"教师的提醒适时恰当，全面周到。学写"海报"，教师提示学生正文的内容："写上什么时候，在什么地方举办什么展览，欢迎什么人参观就行了。最后署名，写日期。"循规循矩，条理清晰。

2. 交际形式的提醒。"当讲解员是不容易的。除了能把展品的特点讲得明明白白，还要做到彬彬有礼，热情大方。"当学生练习讲解时，手不知放在哪儿，教师的支招多么巧妙："我有个办法，请你拿着老师的教鞭讲，但是不能指同学，可以指指苹果，不指就拿着，随便拿着，两只手这样（*教师示范*）。也可以拿起一个苹果讲。总之，手里拿着东西就会好得多。"一席话提醒梦中人，学生按照老师的办法讲解，自然得体。

3. 交际语言的诊断。写保证书时，有一个同学说道："上车下车做到有秩序，上车不抢位。"于老师马上提醒学生："做到"二字可以划掉；再比如，学生写通讯报道时，有个同学写道：展览室的黑板上写着"苹果展览"四个醒目的大字。旁边画上一棵结满了累累硕果的苹果树。（师插话："这句话应改为'画了一棵硕果累累的苹果树'。"说话或写文章，没有废话，字斟句酌，这是良好的文风培养。学生说话，教师能够迅速准确地做出判断，这得益于教师良好的语感和深厚的语文底蕴，是许多青年教师努力的方向。

四、全员参与，高效交际

在本单元教学中，师生的角色定位非常恰当，学生的参与度非常高，教学效果令人叹服。

1.教师的角色：组织、引领、点拨。整个教学活动，需要教师的顶层设计，通盘谋划。事前，教师要与果园的领导和工作人员联系；让学生告诉家长，争取家长的支持；办展览，要与学校领导汇报，与兄弟班级宣传等等。这一切，都需要教师出面协调组织，活动开展得成功与否，教师的“导演”作用非常重要。

2.学生的角色：主体、全员、主动。整个交际活动的主体是全班学生，他们充满了新鲜好奇，积极主动。为了能去果园参观，他们主动要求写下保证书；为了能够取得家长的支持，他们主动地向家长转述活动的通知；在果园参观，他们自觉遵守果园的规定，积极地和果园的潘叔叔进行交流；回到学校，他们主动地练习写说明，写海报，积极准备展品，主动地练习当讲解员。一切活动，都是积极主动的，学生成了整个活动的参与者和谋划者主人翁意识非常明显，教学效果非常好，这是我们教学追求的最高境界。

（沛县实验小学　李志建）

专家评点

在体验中学习“说”与“写”

把口语交际课搬到“苹果园”里上，是于老师这堂课的特色。于老师把学生拉到“苹果园”里，让“苹果园”的师傅给学生讲解，训练学生“听”的能力。在边听边观察的过程中，经过切身体验，让学生再把“听到的信息”复述出来，在轻松愉快的氛围中锻炼了“说”的能力。在户外自然环境中，在真实的口语交际情境中学习口语交际，这就是“体验学习”。

“体验学习”强调能力是在个体经验中形成的，个体的知识源于感官的经验。于老师通过有心的设计，把学习者导入学习情境之中，让学生“身临其境”地体验学习。比如，用手触摸苹果，用眼睛观察苹果的颜色，用鼻子闻苹果的香味，再加上苹果园里专业人士的讲解，学生就会对苹果产生具体、明确的认识。有了这些认识，运用语言将这些认识表达出来就更容易了。于老师深知体验对学生学习的重要性，通常都会设计巧妙的情境，让学生在情境中进行自然的学习。

一般的语文课堂，以为语文课程不外乎是“听说读写”的训练，不太重视学习情境的设计。殊不知，“听说读写”语言技能不能脱离社会交际情境，语言能力是个体与社会交际情境“交互作用”的结果。

著名的体验学习专家库伯提出了“体验学习圈”概念。“体验学习圈”指体验学习是由四个基本阶段构成的完整学习系统，即具体体验、反思观察、抽象概括和主动应用。于老师的教学设计不一定是按库伯的“体验学习圈”进行设计的，但和库伯的“体验学习”有相通之处。

从库伯“体验学习”的四个阶段来看，同学们走进苹果园，边看边听，是“具体体验”阶段；把看到的和听到的说出来，是“反思观察”阶段；回到教室后，把苹果园里的活动写出来，是“抽象概括”和“应用”阶段。在于老师的课堂上，“说”和“写”的能力的发展是基于精心设计的体验之上的自然生发。于老师把课堂从教室搬到果园，是对学生学习环境的重大改变，具有非常重要的意义。

（江苏师范大学　魏本亚）

16

《当解说员，写通讯报道》课堂实录与评析

课堂实录

第一课时

（黑板上挂着“动物王国掰手腕决赛”横幅会标。同学们好奇地看着）

师：现在请同学们观看动物王国掰手腕比赛。看看是哪两个队参赛的，各有几名队员参加，裁判员是谁，比赛结果如何。

（三名戴兔子头饰，三名戴猴子头饰和一名戴大象头饰的同学上场。大象为裁判。两队进行比赛。）

师：谁把刚才看到的说一说？

生：今天参加动物王国掰手腕决赛的是兔子队和猴子队，每队有3名队员，裁判员是大象。比赛结果，兔子队获胜。

师：说得不错——我来介绍一下：兔子队参赛的队员是1号长长，2号团团，3号点点；猴子队参赛的队员是1号条条，2号圆圆，3号豆豆。（众大笑。原来，团团和圆圆都是小胖墩，条条和长长都是

瘦高个儿，点点和豆豆都是小不点儿。）同学们，刚才是练习，不是正式比赛。告诉大家，正式比赛的时候，动物王国小蜜蜂电视台现场直播，但是缺一名解说员（板书：解说员），想请我们来担任。知道我们国家最有名的体育比赛解说员是谁吗？

生：宋世雄！

师：对。当解说员有四点要求：一要懂比赛规则（板书：比赛规则）；二要看仔细（板书：看仔细）；三要说清楚（板书：说清楚）；四要公平，实事求是（板书：公平）。咱们是第一次当解说员，先练习一下。比赛开始前解说员都说些什么？

生：先说电视台的名字——“中央电视台”“中央电视台”！

师：是这样，而且连说两遍，是不是？说完了又说什么？

生：接着说，在什么地方，现场直播什么。

师：完全正确。现在，请你们以小蜜蜂电视台解说员的身份来说说试试。

（学生自由练习。指名说。）

生：小蜜蜂电视台，小蜜蜂电视台！现在，我们在动物王国体育馆，现场直播动物王国掰手腕决赛。

师：口齿多清晰！还真有点宋世雄的味儿呢！（笑声）

生：还要再加上一句：欢迎大家收看。

师：这一句话可不能少。——运动员一上场做准备活动时，应当说什么？

生：介绍运动员和他们的准备情况。

师：好。下边请大家看一下，再练习说。

（运动员、裁判员重新入场，做准备活动。）

生：（边看边说）各位观众，现在运动员、裁判员已经入场。（师插话：好！像这么回事！）兔子队上场的是1号长长，2号团团，3号点点。（众笑）猴子队上场的是1号条条，2号圆圆，3号豆豆。（众笑）

师：别忘了介绍裁判。

生：担任裁判的是大象。

生：担任裁判的是国际裁判大象先生。（笑声）

师：国际裁判更有权威性！（众笑）

生：运动员们正在做准备活动，有的伸胳膊，有的踢腿，有的活动腰。

生：他们摩拳擦掌，准备拼搏。

生：运动员们个个充满信心。

师：同学们说得真漂亮，不亚于宋世雄！（笑声）现在请两个队再进行一次非正式比赛，同学们认真看，边看边解说。注意队员的动作和表情。

（双方进行第一局比赛，学生边看边小声说。）

师：谁来把第一局的比赛解说一下？别忘了，我们是向观众解说的。

生：各位观众，（师插话：这句话不能少。）第一局比赛开始了。兔子队上场的是1号队员长长，猴子队上场的是1号条条。长长和条条力量差不多，好长时间不分胜负。

师："力量差不多"可以换个什么词儿？

生：不相上下。

生：势均力敌！

（师将上边两个词板书在黑板上）

师："好长时间不分胜负"，可以换个什么词？

（一时无人举手）

师：可以用“相持不下”这个词。（顺手板书在黑板上）同学们，这些词，还有每个队员的号、名字都记下来，备用。他们相持不下之时，表情怎么样？还听到什么声音了吗？

生：长长和条条用尽了吃奶的力气，脸憋得通红，嘴里发出“丝丝”的声音，真是难分难解。

师：“难分难解”这个词好，大家记下来。（随手板书出来）这样一说，观众看得更明白了。同学们，双方力量差不多，还可以用什么词来形容？有个成语叫棋——

生：棋逢对手！将遇良才！

师：对！大家记下来，备用——接着往下说，说比赛结果。

生：猴子队的条条有些支持不住了，手腕把长长压了过去。

师：因为双方势均力敌，手腕不是一下子压过去的。

生：条条的手腕被长长慢慢地压过去了。第一局比赛结果，兔子队领先。

师：“领先”前加一个词。

生：兔子队暂时领先。

师：好！同学们第一次练习就说得这么漂亮，宋世雄退休以后，你们可以到中央电视台接班了。（众大笑）

（接着又进行了第二、三局的比赛，于老师像刚才一样，指导学生进行了解说。在指导解说第三局时，老师让学生记下了“扣人心弦”这个词。）

师：比赛完了应该说什么？我想大家都会的。

生：各位观众，动物王国掰手腕决赛实况就转播到这里。谢谢收看，再见！

师：你真是个行家！不过是不是还缺点什么！我记得宋世雄还

要——

生：还要报自己的名字——是谁解说的。

生：一开始，还要报一下电视台。应该说：小蜜蜂电视台，小蜜蜂电视台。各位观众，动物王国掰手腕决赛实况就转播到这里。是由王小汪解说的。谢谢收看，再见！（众赞叹）

师：这几句话很重要，大家都练练，并记住。（学生练习）

师：同学们，动物王国掰手腕决赛现在正式开始！请夏乐天和魏荣到前排坐，你们二人一人一个麦克风，当解说员。夏乐天解说开头和结束，魏荣解说三局比赛。其他同学1–4组当兔子拉拉队，5–8组当猴子队的拉拉队。我退居二线，作场外辅导。（笑声。）

（大象带领着两队队员上场）

夏：小蜜蜂电视台，小蜜蜂电视台！现在我们在动物王国体育馆现场直播动物王国掰手腕决赛实况。欢迎收看。现在运动员、裁判员已经入场。担任裁判的是执法如山的国际裁判大象。（笑声）

师：就凭你这一句话，已达到宋世雄的水平了。（笑声）趁着这个空儿向观众介绍一下运动员。

夏：兔子队上场的是1号长长，2号团团，3号点点；猴子队上场的是1号条条，2号圆圆，3号豆豆。双方都派出了主力队员。各位观众，现在运动员正在做准备活动。有的踢腿，有的弯腰，有的甩胳膊。个个劲头十足。

（大象一声哨响，第一局比赛开始。）

魏：第一局开始了。双方都派了1号队员上场。两人右手紧紧地握在一起，互不相让。他们用尽全身的力气，半天相持不下，真是棋逢对手。（笑声）啦啦队在为他们加油，有的挥舞拳头。

师：魏荣眼观六路，耳听八方，连观众的表现也报告出来了。

（众笑）

魏：猴子的脸更红了，他有些支持不住了。手腕渐渐地被兔子扳了过去……第一局比赛结束了，兔子队暂时领先，现在比分是一比零。

（兔子队的2号团团和猴子队的2号圆圆上场。）

魏：各位观众，团团和圆圆上场了。二位都是大力士。圆圆挥动一下手腕。看样子决心夺取这局的胜利。

师：决心扳回这一局。

魏：第二局比赛开始了！猴子圆圆心太急了，胳膊抬起来了，犯规了。

师：圆圆求胜心切，胳膊抬起来了。

（此时，裁判员对圆圆亮了黄牌。）

魏：圆圆求胜心切，犯规了，裁判员亮黄牌警告！（众笑）

（圆圆和团团重新比赛）

魏：这次圆圆很沉着。他们不愧是大力士，一时难分难解。……哎呀！团团撑不住了……圆圆终于胜了第二局！现在是1比1。

师：猴子队终于扳回了一局。

（大象一声哨响，双方3号队员上场。）

魏：比赛紧张，激烈，真是扣人心弦！第三局是关键一局，别看点点、豆豆个子小，力气不小！看，点点的眼睛瞪得大大的，好像要冒火似的！（笑声）……豆豆把点点的手腕搬过来了！……哎呀！点点又翻过来了！……点点竟然反败为胜！……各位观众，兔子队以2比1战胜了猴子队，获得了冠军，为兔子家族争得了殊荣！（众大笑）猴子队第二。

师：这是一场力量与意志的较量。点点关键时刻不气馁，顶得住。

夏：豆豆输得太可惜了，只好屈居第二。（众笑）

师：魏荣说得比宋世雄还棒！你可以叫“盖世雄”！（众笑）

（接着发奖。身穿红西服的小猫和身穿黑西服的“小熊”上场。）

夏：现在，动物王国奥委会主席熊先生为运动员发奖。（众大笑）观众为运动员鼓掌，表示祝贺。

（“熊”先生把三枚金牌和三枚银牌分别戴在冠、亚军队员脖子上。运动员退场。）

夏：小蜜蜂电视台，各位观众，动物王国掰手腕决赛实况就转播到这里，是由魏荣、夏乐天解说的。谢谢收看！再见！（众赞叹）

师：夏乐天很有礼貌，先报魏荣的名字，再报自己。他也可以叫“盖世雄”！（笑声）这节课就上到这儿。请同学们休息一下。

（徐州市东华小学　邹凯整理）

教师观察

围绕“动物王国掰手腕决赛”这个主题学做解说员，是这节课的主要教学目标，为下节课写通讯报道打下坚实的基础。教学目标的达成又以各种教学活动为依托，其中的课堂互动甚为关键。课堂互动体现了于老师的匠心独运和有效引导。互动主题明确突出，互动过程精彩鲜活，互动小结切中肯綮。

这节课互动非常频繁，每一次互动都围绕某个主题。于老师的课堂，给人有很强的带入感。于老师很注重情境的创设，黑板上挂着“动物王国掰手腕决赛”横幅会标，很是醒目。戴着头饰的兔子队、猴子队和裁判员大象的入场，尝试练说有条不紊。连比赛双方运动员的名字都让人忍俊不禁。究竟谁能夺得冠军？每个人都拭目以待。比赛结束后，颁奖嘉宾盛装出席，庄重热烈。于老师引领学生尝试在口语交际中运用自己平时积累的语言材料，特别是优美的成语和新鲜有趣的语句。如：开场白和结束语。“小蜜蜂电视台，小蜜蜂电视台！现在我们在动物王国体育馆现场直播动物王国掰手腕决赛实况。欢迎收看。”“小蜜蜂电视台，各位观众，动物王国掰手腕决赛实况就转播到这里，是由魏荣、夏乐天解说的。谢谢收看！再见！”解说铿锵有力，字正腔圆，引得众人笑声不断，啧啧赞叹。这一场“动物王国掰手腕比赛”实况解说，盛况空前，既有运动员的竞技展示，又有解说员的精彩演绎；既有裁判员的公正判决，又有场外指导的耐心帮扶；既有赛场上的奋力拼搏，又有拉拉队的激情欢呼。赛出成绩，赛出友情，赛出快乐，赛出成长。学生的表演出彩了，学生的观察细致了，学生的语言丰富了，学生的表达流畅了。课堂上情趣盎然，笑声连连。“少些理性，多些情趣”，于永正老师倡导的语文教学主张得到了很好的体现。

巩固交流环节，运动员、裁判员重新入场，完成三局掰手腕比赛。这个环节加上于老师的适时点拨，学生们融会贯通。俗话说：万事开头难。开头顺，一顺百顺。于老师循循善诱，因势利导，有模仿，有迁移，知道我们国家最有名的体育比赛解说员是谁吗？比赛开始前解说员都说些什么？（先说电视台的名字，接着说在什么地方，现场直播什么。）选取生活中的真实体验，有章可循，首尾呼应。孩子天生就是表演家，生动逼真的模仿顺手拈来。于老师多次组织学生先观察，再自由练习解说，给学生充分言说的机会。重视语言习惯的培养，让孩子从想说变为会说，并非一日之功。

为了让孩子们解说得准确生动，于老师非常注重成语的积累应用，有引导有点拨：“力量差不多”可以换个什么词儿？——不相上下，势均力敌！“好长时间不分胜负”，可以换个什么词？——相持不下，难分难解。双方力量差不多，还可以用什么词来形容？有个成语叫棋——棋逢对手！将遇良才！

善待学生，鼓舞激赏是于老师的必备法宝。抓住优点就赞扬，看到闪光就放大，若有所悟就激励，默不作声就启发。如：口齿多清晰！还真有点宋世雄的味儿呢！同学们说得真漂亮，不亚于宋世雄！宋世雄退休以后，你们可以到中央电视台接班了。你真是个行家！就凭你这一句话，已达到宋世雄的水平了。魏荣说得比宋世雄还棒！你可以叫“盖世雄”！夏乐天很有礼貌，他也可以叫“盖世雄”！

展示汇报环节：运动员、裁判员第三次入场，解说员就位，拉拉队群情激昂。有了先期的表达练习、合作探究、交流碰撞做铺垫，这一次的表演精彩纷呈，解说扣人心弦，观赏喝彩水到渠成。教为学服务，化作春泥更护花；学为教添彩，小荷才露尖尖角。

当好解说员不是一件容易的事，解说的主题，参赛的队员，比赛的规则，语言的恰当运用，都是影响解说效果的因素。于老师的思维缜密，注重微观探究，关注细节，环环紧扣，螺旋上升。带着学生不拘形式地体验见闻、感受和想象，注意把自己觉得新奇有趣或印象最深、最受感动的内容想清楚——心里明白。于老师从宏观着手，注重顶层设计，关注差异，指导学生能清楚明白的讲述见闻，并说出自己的感受和想法——表达清楚。先是半扶半放，接着扶上马，送一程，最后扬鞭策马，呐喊助威，培养学生养成认真倾听、虚心请教、活学活用、与人商讨的好习惯。

这既是一节口语交际课，又是一节习作创作辅导课，还具有语文综合性学习的特点。在细致观察中，把书面表达与口语交际结合，表达自己的所见、所想、所感。

于老师倡导“蹲下来看孩子”，以儿童的视角重新认识孩子，体悟孩子的审美和表达，解读孩子的思维和认知，想孩子所想，乐孩子所乐。走进于老师的课堂，能欣赏到“黄发垂髫，怡然自乐”的寓教于乐的场景，倾听于老师的声音，似天籁之音，绕梁三日而不绝于耳。于老师会变脸，时而严肃，时而微笑；时而犹疑，时而羞怯；时而窃窃私语，面授机宜；时而诗兴大发，口占一绝；时而雅兴浓浓，婉转迂回……他是语文教育园地的常青树，他是小语教学改革的排头兵，他是爱学生也被学生爱的老师，蹲下来的于老师赢得了所有人的尊敬和爱戴。

于老师对语文教学的执着，形成了他独特的“五重”教学主张；于老师对孩子们的挚爱，展示了他博大的教育家情怀；于老师对教育事业的孜孜以求，倾注了老骥伏枥、志在千里的高远。

（沛县实验小学　朱桂金）

专家评点

在游戏中进行口语能力的训练

这个课例的最大特色是通过游戏的方式开展课堂活动，让学生在游戏中进行口头表达能力的训练。于老师设计了一个动物王国掰手腕的运动项目，然后让同学们当解说员，边看游戏，边进行解说。

语言学家的研究表明，语言能力的习得在自然的过程中更容易达到。什么叫自然的过程中呢？即在以意义为主的进程中。什么叫意义呢？可以举一个例子来说明，比如边听语言提示边画图。画图就是活动的意义，听语言提示是形式。如果侧重于形式，即反复让学生听语言提示，学生反而对语言学习提不起兴趣，从而无法提高能力。如果侧重于意义，让学生通过语言提示，努力把图画好，结果显示，学生不但能把图画好，语言能力也得到提高。

在这堂课中，于老师通过掰手腕的游戏为学生创设了一个语言能力习得的意义情境。学生投入到“掰手腕”的紧张观看之中，在意义中提高了语言技能。

让学生在游戏中进行学习，无疑会极大提高学生的学习兴趣，学生也成为真正的交际者。为了让学生成为真正的交际者，于老师扮演了设计者、指导者和评价者的角色。

首先于老师充当了设计者角色。“动物王国掰手腕”游戏固然不难设计，但如何使游戏活动与学习目标达成一致性是一个大难题。本节课的目标旨在培养学生在动态解说中的口头表达能力。于老师把参加掰手腕的运动员分为两组：“兔子队参赛的队员是1号长长，2号团团，3号点点；猴子队参赛的队员是1号条条，2号圆圆，3号豆豆。”每队队员的名字显然是精心设计的，为何要设计这些有点绕口而又诙谐的名字呢？显然是为了设置障碍，增加解说难度，以达到训练学生口头表达能力的目的。

其次，于老师还扮演了指导者的角色。比如在游戏开始前，于老师指明：“当解说员有四点要求：一要懂比赛规则（板书：比赛规则）；二要看仔细（板书：看仔细）；三要说清楚（板书：说清楚）；四要公平，实事求是（板书：公平）。咱们是第一次当解说员，先练习一下。比赛开始前解说员都说些什么？”在整堂课中，于老师或通过提问，或通过讲解，给予学生语言技能的指导。

在活动进行中，于老师还充当了评价者的角色。针对学生说得精彩之处，于老师不时点评到："这个地方说得真好"，大大增强了学生的信心。

（江苏师范大学　魏本亚）

17

《买手帕》课堂实录与评析

课堂实录

第一课时　训练“买”

师：同学们，后天上午，有人到我们班听课，指名要听看图说话、写话课。我想，每人到商店买一块图案新颖的手帕，看手帕上的图说话、写话，一定很有意思，令听课的老师耳目一新。不知大家单独买过东西没有？

生：我买过书、本子。

生：我买过小刀、尺子等学习用品。

生：我买过“花脸”“飞毛腿”。（众笑。“花脸”“飞毛腿”是当时畅销的冰糕名字。）

生：我买过盐，打过酱油，还经常帮爸爸买酒、买烟。

师：你还真是家长的好帮手呢！——同学们，买东西可有学问了。会挑会说才能买到称心如意的商品；再说现在物价放开了，卖主可以随便要价，你必须会讲价，（板书：讲价）否则就要多花钱。下面，我当卖手帕的售货员，请同学们到前边来，看看会不会说，会不会还价。（说完，从提包里取出一叠手帕放在讲桌上。）谁愿意到前边来买？

生：（走到讲桌前）叔叔，请给我拿块手帕好吗？（“售货员”坐在“柜台”里看书，没搭理，众笑）

师：（对全体同学）如果售货员没听见，或者因为忙没搭理你，该怎么说？

生：再大声说一遍。

生：说声“麻烦您”。

师：（对站在前面的学生）你再来一遍试试。

生：叔叔，请您拿块手帕好吗？

（“售货员”正忙着整理手帕，没搭理。）

生：（提高声音）叔叔，您好！挺忙的。（众笑）

师：（抬起头）不忙！你买点什么！（众笑）

生：叔叔，麻烦您，给我拿块手帕看看好吗？

师：好，好。（笑声）

（接着又让两位同学作了练习，略。）

师：同学们，如果售货员拿的商品不合适，你没看中，要求调换一下，怎么说？

生：叔叔，这块手帕我没有看中，请换一块好吗？

师：如果以这种商量的语气说，服务员不肯换，这时，就要找理由，最好在商品上找点小毛病，找出不满意的地方。下边咱们试试，谁到前面来？

生：（走到讲桌前）叔叔，麻烦您拿一块手帕好吗？

师：好的。（边说边拿出一块手帕递过去）

生：（反复检查）叔叔，请换一块好吗？

师：手帕有什么好挑的？

生：您看，这块手帕有点儿脏。

师：没关系，一擦手就会脏，洗洗就是了。（笑声）

生：叔叔，买东西当然要买称心如意的。如果我是售货员，给你块脏手帕，你一定会不舒服的。恳求您给我换一块。

师：（对全班同学）这就叫会说！会讲道理！同学们，最难的是讲价。有句话叫做"漫天要价"。意思是说，卖东西的人想赚钱，要价很高。还有句话，叫做"落地还价"，意思是说，买东西的人想省钱，还价很低。这是正常的。他要1元，你还他一角。（笑声）要么"拦腰砍"，还他5角。他如果坚决不卖，你再加点，再不卖，扭头就走。俗话说"一走就卖"。（笑声）"一走"人家还是不卖，说明还价太低了。现在咱们试一下怎么样？

（学生非常踊跃）

生：（走到"柜台"跟前）叔叔，请拿一块手帕看看，好吗？

师：要哪一种？

生：要大象图案的。（师取手帕递与学生）请问这块手帕多少钱？

师：便宜，1块5毛钱。

生：这还便宜？最多值5毛。（笑声）

师：5毛钱你买谁的？

生：7毛，怎么样？

师：不卖。

生：（看看手帕）这块手帕太薄，都透明了，7毛钱都多了。（笑声）

师：你真买的话，给1块2吧！

生：8毛！

师：不卖。

（生扭头就走）

师：回来回来！卖给你！（众大笑）这位同学脑子很机灵，知道压价的最好理由是找出商品的毛病。看样子他买过不少东西。今天这节课，我们初步知道了买东西怎么说，怎样要求调换商品，怎样讲价。这只是个训练，真正学会讨价还价，还要真正去买东西。在买的过程中，锻炼自己的口才和应变能力。老师要求同学，每人到商店去买一块带有动物图案的手帕，看谁花钱少，又能买好手帕。要记得是哪个厂生产的。后天，咱们来上“看图说话，看图写话”。

（下课）

第二课时　当“推销员”——说手帕

师：同学们，这节课我们看图说话，看什么图呢？看我们买的手帕上的图。现在请大家把买的带有动物图案的手帕拿出来。这次要求大家以“推销员”的身份来宣传、推销“产品”——手帕。重点把图案说生动，让别人喜欢。说的好，就能推销出去，不会说，好产品也销售得慢。因为大家第一次当推销员，建议大家写个发言稿。请考虑下。

生：于老师，是不是把推销员所说的话都写下来？

师：因为是第一次当推销员，所以尽量写得具体一点。你第一句话准备说什么？

生：这是我们徐州手帕厂生产的手帕。（说完，将手帕亮了一下。众笑）我们厂生产的手帕，图案新颖，种类繁多，深受人们的欢迎。

师：这是概括的叙述。这个不要说了，同学们都会。下面重点写你手中的手帕。写“发言稿”还有困难吗？没有就写吧。别忘了你现在是推销员，推销手帕。

（全班同学写。老师巡视。）

师：有些同学已经将发言稿写好了，有的写得相当好。谁来念一念？

生：（念）这是我们南京手帕厂生产的“动物手帕”。这种手帕受到广大少年儿童的喜欢。（师插话：“‘手帕’前面加上‘投放市场’这几个字。”）这是小白兔手帕。（师插话：“‘这是’后面加上‘其中的’三个字。”）这只雪白的小兔正在森林里采蘑菇。可能因为天天起得早，一双眼睛都熬红了。正忙着，忽然“哗啦”一声响，小白兔的两只大耳朵竖起来，朝发声的地方望去。原来是只松鼠从树上跳下来。小白兔和小松鼠多么活泼可爱，大森林多么美啊！“动物手帕”每块7角，欢迎大家前来订货。（师插话：“‘大家’改为‘用户’。”）

师：这份发言稿合格！同学们都照着他写的，认真修改，并读熟，然后到前面来推销你的产品。告诉你们，后面听课的老师都是前来订货的客户。谁介绍得好，人家就订谁的货。（众笑）

（学生读的读，改的改，当销售员的劲头十足。）

师：练得差不多了吧？谁来“推销”？

生：（带着自己的手帕，走到讲台来）老师们！

师：不是老师，你面对的是订货的来宾。（笑声）

生：各位来宾！欢迎大家参加我们的订货会。我们上海手帕厂生产的手帕畅销国内外。（笑声）精美的“动物手帕”深受姑娘、小朋友的喜爱。（师插话：“我教你一个词：青睐。把‘喜爱’改为‘青睐’。”）这是“大象手帕”。看，大象坐在椅子上，笑眯眯的，鼻子高高地翘着，正在为小动物们拉大提琴呢！（师插话：“‘拉’改成‘演奏’。”）小动物们被优美的琴声迷住了，一动不动地听着。这块手帕不但图案优美，而且质地优良，欢迎订货。价格面议。（众笑）

师：请“贵宾”发表意见。

（于老师请一位听课的老师发表意见，这位老师高兴地说：这种手帕我们订两万条！众大笑）

师：两万条！同学们，两万条说明“推销员”讲得成功！——谁再来？

生：（走到讲台前）各位来宾，欢迎你们到南京手帕厂参观、订货。我们厂生产的“动物手帕”质优价廉，深受用户喜爱。这是“松鼠手帕”。（边说边将手帕举起来）瞧，这只松鼠多么活泼可爱！一双眼睛非常机灵，一身褐色的毛光滑漂亮，好像刚刚搽过油似的。一双毛茸茸的大尾巴向上翘着，逗人喜欢。人们买了，一定会爱不释手。欢迎来宾订货！（众赞叹）

师：这段话说得太精彩了！听课老师的赞叹声告诉我们，他们一定会大量订购这种手帕的。（众笑）

（接着又有两位同学到前面“推销”，略。）

师：自习课时，请把你们写的话抄在作文簿上，题目叫做《在订货会上的发言》。

（下课）

第三课时　写“买手帕”

师：前天上午，同学们以“推销员”的身份，介绍了各自买的手帕，说得很出色。但不知你们买手帕是否顺利？遇到小麻烦没有？

生：我买得很顺利，售货员很热情。

生：我遇到的那位售货员也很好，主动问我买什么。

生：我碰到的那位阿姨听说我要“动物手帕”，把所有带动物图案的都找出来了。

师：这叫什么？

生：主动、热情。

师：对。有没有不顺利的？

生：我碰到的那位售货员和这些人不一样，我连喊了两声，她才懒洋洋地过来。我换了两块，她就不耐烦地说：“手帕有什么可挑的？什么‘动物’不一样！”我说：“是老师让我们写作文用的。”她说：“你老师还怪会出点子来！”（众笑）

师：嘿，连我也捎带进去了！（笑声）

生：虽然这么说，但是她还是给我换了。

师：倒还罢了。

生：我遇到的售货员态度也不好。我请求她换一块时，她说：“没有了，就这一种。”其实货架上还有，我早就看到了。

师：你跟她讲道理嘛，我们不是训练过了吗？

生：我指了指商店上挂的标语说：“阿姨，标语上不是写着‘百问不厌，百挑不烦’吗？我才挑了两块，您怎么就烦了呢？”（众笑）

师：说得好！

生：她的嘴一撇，说：“哎哟，小嘴还挺会说的！”我说：“阿姨，和气生财，请您换一块吧！”

师：换了吗？

生：还不错，给换了一块。付钱的时候，我一查她找的钱错了。我说：“阿姨，您找错钱了。”她说：“我当了十几年的营业员，还从来没算错过！”我说：“这块手帕1元零5分，我给您10元钱，您应当

找我8元9角5分，可您找我9元9角5分。”她一查，顿时不吭声了。（众笑）

师：这真富有戏剧性呢！同学们，服务态度不好的毕竟是少数。时间关系，不能一一说了，请大家把买手帕的过程写出来，题目就叫《买手帕》。我着重了解服务员的态度如何，你们是不是会说，会讲价。要把细节写具体，让事实来说话。

（学生写。教师巡视。）

（学生写完草稿后，于老师讲评了四个学生的草稿。下面实录的是其中两个片段。）

生：（读草稿）……我跨进商店大门，便向卖手帕的柜台走去。（师插话：“‘便’后面加上‘径直’二字。”说完，将这两个字板书在黑板上。）一位阿姨笑嘻嘻地迎了过来。（师插话：“‘笑嘻嘻’改为‘笑盈盈’更美。”）“小朋友，你要买什么？”她问。“阿姨，请问有带动物的手帕吗？”（师插话：“‘动物’后面要加‘图案’二字。”）“有，有。”阿姨一边说，一边从柜台里取出几块手帕，“刚从南京手帕厂进的货。”我看看这块也好，那块也好，真不知买哪一块好了。阿姨看我一时拿不定主意，说：“小男孩还是买大象图案的好。小白兔啦，小蝴蝶啦，小女孩用着比较合适。”我接受了阿姨的意见，（师插话：“‘意见’改为‘建议’更恰当。”）决定买“大象手帕”。我付了钱，对阿姨说：“谢谢阿姨！”“不客气，欢迎你再来！”

师：这位售货员还真不错。谁再读？

生：（读草稿）……我一看手帕上的图案不大清楚，便对售货员说：“叔叔，请您给我换一块好吗？你看这只松鼠好像没有眼珠儿似的。”他说：“动物园里的松鼠有眼珠子，你去买吧！”（师插话：“这话够损的！”笑声）我请求说：“叔叔，再换一块吧，对您来说，不过是举手之劳。”（师插话：“说得好！”）他说：“手帕都是用来擦鼻涕，擦嘴的，眼睛不清楚有什么关系？”我听了，真想转身就走，可是一想于老师说的话，又平静了下来。（师插话：“‘平静’改为‘冷静’，更合适。”）我说：“叔叔，请您换一块吧！”他再没说什么，从柜台里又找出一块带松鼠图案的手帕递给了我。……

师：同学们，这几位同学写得都不错，可惜没有一个人写讨价还价的。草稿写好了，认真修改一下，找个时间誊到作文簿上去。

（下课）

第四课时　写“人民来信”

师：同学们，我看了你们写的《买手帕》的作文，很有感触。有的让人感动，有的让人生气。对于美的东西，我们应当大力赞扬；对于丑的现象，我们应批评，甚至抨击。可是，怎么赞扬？怎么批评？用什么办法让人们知道？

生：登报、上电视，让他们亮相！

生：让他们曝光！（笑声）

师：就买手帕这件事来说，无论是好的，使人感动的，还是不好的，使人生气的，还都不需要登报，更不需要上电视。

生：找他们的经理说说去。

师：说说去，不如写下来——写封信寄出去，省得跑腿了！这样的反映情况的信叫“人民来信”。（板书：人民来信）我们这次写的人民来信有两种，一种是表扬性质的，一种是批评性质的。目的是鼓励先进，批评落后，提高商业部门的服务质量。写好之后，寄到售货员所在的单位。

（同学们情绪高涨，有的“义愤填膺”。）

生：于老师，我们不知道他们的姓名。

师：能记住他们胸前挂的营业证号吗？

生：当时没留心，再说有人也没戴。

师：这就看你的写作本领了！只要你写得像，把这位售货员的外貌、语言、行为刻画得惟妙惟肖，经理一看就知道写的是谁。再说，我们有确凿的地点、时间，写清楚了经理也可以查嘛。

（学生写“人民来信”）

师：多数人写好开头了，谁来念一念？

生：（念）尊敬的经理：5月24日下午5点左右，我到贵店买手帕。值班的是一位叔叔。（师插话：“‘值班’改为‘当班’。”）这位叔叔20多岁，瘦长脸……

师：就写到这儿？好。大家有什么意见？

生：写得不错。但是，一开头要不要简单地自我介绍一下？

师：可以，让经理知道你是谁。——大家继续写，看谁写得像，写得栩栩如生。

（全班同学继续写）

师：我看不少同学写得差不多了。咱们暂停一下，还请刚才那位同学读一读。

生：（念）尊敬的经理。我是鼓楼小学五年级一班的学生，叫林毅。5月24号下午5点左右，我到贵店买手帕。当班的是一位叔叔。这位叔叔20多岁，瘦长脸，大眼睛，上身穿红格子衬衫，下身穿米黄色裤子，个头挺高。我请他拿块手帕看看。他说：“买吗？”我说：“看好了就买。”他说：“如果不买，就别看了。”这是售货员说的话吗？我还没看两块，他就没好气地说：“手帕有啥挑头？”您店的墙上写着“百问不烦、百挑不厌”，可实际上不是这么回事。像这样的售货员，您能原谅吗？（师插话：“应改为‘您能容忍吗’。”）由他们来经营，商店不关门才怪呢！我写这封信，完全是为贵店着想，打搅您了，祝贵店生意兴隆。鼓楼小学五年级一班林毅，1990年5月24日。

师：这是一封非常好的“人民来信”。第一，出发点好，完全出于关心、爱护商店的立场；第二，摆事实，讲道理，不丑化，不谩骂；第三，抓住了人物的特点，语言比较简洁，为经理查明情况提供了线索。我发现，有些同学因为有气，措词不大讲究，这不好。——谁写的是表扬信，请来读一读。

生：（念）尊敬的经理：……5月23号下午5点半，我到您店买手帕。一位30多岁，中等个儿，圆脸，白皮肤的阿姨一下子拿出七八块手帕让我挑。可是这七八块都不符合我的要求，因为我要买“动物手帕”。我问：“阿姨，有带动物图案的吗？”“有，有！”她边说边从柜台里抽出两三条来。（师插话：“‘抽出’改为‘找出’。”）老实讲，上面的动物图案我一样也没看中，但又不好意思再麻烦她。她说：“还不合适？”我点点头。她又找出几条不同图案的手帕来。我感动万分，最后选了一块熊猫的。……您店有了这样的售货员，能经营不好吗？从她身上我看到了什么是热情周到。（师插话：“不是‘看到’，是‘懂得’。”）……

师：这封信也写得很有水平。大家写的“人民来信”为什么这样好，主要原因是大家有感受。“有感”才能写好作文。大家再修改一下，然后誊清，寄出去。

（下课）

（徐州市鼓楼生态园小学　靳晴整理）

教师观察

一、目标精准，内容简洁

《买手帕》是特级教师于永正老师进行言语交际说写训练实践教学，为五年级学生所上的一个系列口语交际活动课，共有四节。确定合适的话题和制定恰当的教学目标是实施口语交际训练的前提和着力点。于老师首先选择了“买手帕”这一来自生活，贴近学生生活实际，符合学生需要和兴趣的话题。围绕这一话题，确立了分层次的、逐步递进的教学目标：说写结合，掌握购物的方法、策略，介绍购买的物品及过程，鼓励学生善于发现生活中美的和丑的现象，采用“人民来信”的形式加以赞扬和批评。为了达成这些教学目标，于老师选择了以下教学内容：一，以顾客的身份“买手帕”。于老师先从学生平时的购物引入“买手帕”这一话题，然后老师扮演“售货员”，学生扮演“顾客”，一步步引导学生以“顾客”的身份，就如何挑选商品，如何更换不满意的商品，如何讲价进行言语交际活动，训练学生在交流之中逐步做到“会挑”“会讲”，从而购买到称心如意的商品，掌握购买商品的方法，提高购买商品时与人交际的能力。布置学生运用所学，课外购买手帕，在实践中锻炼自己的口才和应变能力。二，以“推销员”的身份“说手帕”。于老师紧承上节训练内容，设计了学生以“推销员”的身份宣传推销手帕这一教学内容，充分利用手帕上的图案，采用说写结合的方式，引导学生重点把手帕上的图案说生动，说具体，学会赞美自己的物品，提高学生口语表达能力的同时，培养学生仔细观察的能力。三，以“学生”的身份写“手帕购买过程”。学生亲自实践购买手帕后，于老师抓住这一实践性的教学资源，通过师生间的自然交流，调动学生已有经验，把购买的过程说一说，写一写，交流一下。这一教学内容的设计打破了课内外教学的壁垒，把口语交际的课堂延伸到社会这个大课堂，延伸到学生广阔的生活天地之中，来自生活，又高于生活，体现了老师独具匠心的教学艺术。四，以“群众”的身份写“人民来信”。针对学生购买手帕过程中的一些“感触”，于老师引导学生以“群众”的身份，采用恰当的方式——写“人民来信”，通过说写结合的形式对美的现象加以赞扬，对丑的现象加以批评。这些教学内容的设计紧紧围绕教学目标，围绕“买手帕”这一话题，“一题多练”“一材多用”，设计了多角度、多侧面的丰富多彩的系列教学活动。这些教学内容的设计简洁，每一个环节，都有一个达成的标准，一个明确的训练步骤，环环相扣，逐步上升，组成一个前后衔接的教学体系，优化了教学结构，有力保障了课堂教学活动扎实、有效地开展，很好地实现了交际目标。精准的教学目标设计，恰当的教学内容选择符合学生的认知基础和实际需求，看似信手拈来，实则体现了于老师深厚的教学功底，对生活的细致观察和对学生实际学习情况的把握，这正是于老师的高明之处。

二、活动有序，助学得力

听于老师的课，总是觉得学生学得有趣，教师教得轻松，训练扎实有效，处处都能体现出“情趣交融，章法共生”的教学风格。课堂上，于老师是引导者、组织者，他从学生已有购物生活经验入手，很自然地引入到口语交际的话题——“买手帕”。接着，围绕这一话题，采用模拟表演——老师扮演“售货员”，学生扮演“顾客”，以自然交谈的形式，营造出民主、和谐的课堂氛围，不断激发学生运用语言的动力和学习热情。在生生、师生说写训练中，老师善于捕捉信息，抓住契机，不断发掘出学生口语表达的资源，在“情景交融”之中，使学生乐于表达，善于表达。如何选购手帕，如何在观察基础上抓住重点“推销”手帕，如何把购买手帕过程介绍清楚，如何采用恰当方式表达自己的观点，学生都能做到言之有理，言之有情。教学中，于老师还打破课堂的界限，把课外实践和课堂训练有机结合，充分利用课堂上随机出现的信息资源，引领学生交际表达。在交际表达中，老师还不断指导学生规范自己的交际语言，提示学生注意说话的态度和用词，恰当使用称谓，使用礼貌用语，说话委婉等，在“好说”的基础上“说好”，在掌握学法，提高能力的同时，提升了学生口语交际的品质，净化了学生的心灵。

三、由浅入深，良性互动

交互性强，这是口语交际教学活动的显著特点。说是基础，听是习惯，口语交际训练的过程，也是听与说双方的过程。于老师根据教学内容的不同和学生的需要，引导学习活动的开展。让学生以不同身份——顾客、推销员、学生和普通群众；用不同的方法——师生言语交流、看图写话、口述过程、写“人民来信”，师生表演、自然交谈；进行不同的体验——学生和手帕图案、和同学、和听课老师、和商店营业员展开对话。同时，于老师还充分运用现有的教学资源和口语交际中的动态生成资源，组织生生之间，师生之间形成广泛的互动，极大提高了学生口语交际的兴趣。学生在互动学习之中，由课内走向课外，由说到写，层层推进，表达能力得以不断提高。

四、全员参与，共同提高

于老师的课“重情趣”。在“买手帕”这一言语交际活动中，于老师时刻注意面向全体学生，让更多的学生参与到课堂教学之中。老师围绕设定的教学内容，不断创设符合学生实际的生活情景，让学生一次次角色转换，不断激励学生，形成民主、宽松的课堂教学氛围。

课堂上妙趣横生，学生兴趣盎然，真正解放了学生，使学生树立了自信心，不再羞于表达。师生之间，生生之间言语交际频繁，不时碰撞出思想的火花。同时，通过师生插话、追问，说写结合等方式，使学生人人参与，共同提高。学生在广泛的言语交际互动之中，思想认识和表达水平都有了大幅度提高，高效地实现了教学的既定目标。

（徐州市沛县实验小学　马爱国）

专家评点

为学生的语言表达找到源头活水

“说”和“写”都是语言输出，相比“读”和“听”这样的语言输入活动而言，具有更大的难度。那么如何培养“说”和“写”这样难度更大的语言输出能力呢？关键的一点是找到语言输出的源头活水。一切的语言表达都是以生活积累为基础的，如果脱离了学生的生活基础进行“听说读写”的训练，学生可能会提不起兴趣。

于老师以买手帕这样的日常生活为话题，更容易激起学生的学习兴趣。这样平常的事件学生都经历过，因此都有体验。最关键的是，于老师善于提炼日常生活事件的难忘经验，并在课堂中唤醒学生的难忘经验，这样学生就可以结合自身的难忘经验进行“说”和“写”的训练。这是基于体验的教学设计。

于老师的口语交际往往都是基于学情的设计。在“买手帕”的事件中，“受委屈”“讨价还价”“调换物品”等事件是“买卖交际情境”中最常见的交际问题。在日常生活中，这样的交际问题一晃而过，有的解决了，有的没有被解决。于老师针对特定交际情境中的特定交际问题进行教学设计，体现了独到的眼光。

“说”和“写”都是语言输出能力，但“写”比“说”具有更大的难度。“说”是一种对称性交际，交际的双方同处于一个时空下，“说”的展开是在交际双方的互动中进行的。而“写”是一种非对称性交际，“写”一般也是给特定的对象看的，但在写作时，信息的接收者与信息的发送者不在一个时空下，“写”的展开是由信息发送者一方推动的。于老师深谙这个道理。在布置学生进行“写”的训练时，让学生进行充分的“说”的活动。这些充分开展的“说”的活动，不仅锻炼了学生的口头表达能力，还为“写”这样的书面表达打下了基础。

于老师的课堂，充分体现了学生是学习的主体，教师则是学生学习的辅助者的课程理念。

（江苏师范大学　魏本亚）

18

《写推荐信，打长途电话》课堂实录与评析

课堂实录

第一课时

（上课铃声落，于老师拿着提包走进教室。）

师：徐州市鼓楼小学的朱校长要为幼儿园的小朋友买手帕。昨天百货店张经理送来一批样品让朱校长选手帕。朱校长请我“参谋参谋”。我说：“明天我到邹城市岗山小学上课，生长在峄山脚下，孟子故乡的孩子们审美能力一定很强，请他们帮忙挑一挑，怎么样？”朱校长欣然同意。我想，同学们一定愿意帮忙的。

生：张经理送来的手帕都很美。

生：张经理送来的手帕种类繁多，图案新颖。

生：这些手帕色彩鲜艳，图案新颖，质地优良，居同类产品之冠。（众赞叹）

师：这些手帕图案各异，都有自己的特点。谁能说得稍微具体一点？

生：这些手帕图案各异，有牡丹花，有小鸭子，有黑猫警长，有米老鼠，还有白雪公主……

师：能不能把小鸭子、黑猫警长的特点简单地说一说？比如，有什么样的牡丹花，什么样的黑猫警长？请每个同学看看手帕上的图案小声说一说。

（学生边看边自言自语）

师：谁站起来说一下？

生：这些手帕图案新颖，有富丽堂皇的牡丹，有本领高强的孙悟空，有活泼可爱的米老鼠，还有让人馋涎欲滴的葡萄。（笑声）（接着又有几个人说，从略。）

师：这些样品各具特色。那么，你准备向朱校长推荐哪一种呢？

生：我建议朱校长买"白雪公主"手帕。（该生是位女生）

师：（问一男同学）如果你是幼儿园的小朋友，你要"白雪公主"吗？

生：（站起来）我不要。

师：为什么？

生：（用手一挠后脑勺）……（众笑）

生：（刚才建议买"白雪公主"的那位女生）我建议朱校长为女小朋友买"白雪公主"手帕，为男小朋友买"黑猫警长"手帕。

师：你脑子转得真快！（众笑）不过，要想让朱校长采纳你的建议，必须把推荐的理由说明白。特别是手帕上的图案要介绍得详细、生动一些。怎样介绍图案呢？下面，老师先说给你们听听。（老师指着"小猫咪"手帕）我觉得小猫咪手帕最好。您瞧，淡蓝色的手帕上印着一只小花猫。它一动不动地蹲在花丛中，一双耳朵竖着，像在听周围的动静。一双大眼睛，机警地望着前方，仿佛发现了小蝴蝶。小红鼻子底下长着一张三瓣嘴。它虽然年龄不大，却长出了长长的胡子！（众笑）不知谁在它脖子上系了一条红丝带，显得更活泼可爱了。幼儿园的小朋友见了，一定会喜欢的！——好了。请大家再观察一下你准备推荐的手帕。想一想该怎么介绍。自己先练习一遍。

（学生自己练习说）

师：大家练得很认真，谁站起来，说给大家听一听？

生：我觉得“白雪公主”手帕最好。你看，手帕上的白雪公主多美呀！金色的头发披到肩上，一双大眼睛炯炯有神，小嘴闭着，嘴角露出一丝笑意，她穿着华丽的裙子，裙子上有许多闪闪发光的宝石。（一生纠正：“应该说‘镶嵌着许多闪闪发光的宝石’。”师予以肯定。）她的身旁卧着一只梅花鹿，小鹿转头看着白雪公主，好像在和白雪公主说悄悄话。

师：说得很好！还有理由吗？

生：（想一想）这种手帕比较大，价钱也比较便宜，每块才8角钱。可以说是……物美价廉！（众赞叹）（说明：所有的手帕上都标有价格。）

师：别忘了，咱们是干什么来着？因为是推荐，最后还要说一句什么话？

生：我建议朱校长为幼儿园的小朋友买这种手帕！小朋友一定会喜欢的。

师：讲得好！——还有推荐别的手帕吗？

生：我准备向朱校长推荐“爱劳动”手帕。看，手帕上的小姑娘多么可爱呀！她头戴一顶太阳帽，身穿白色的超短裙，双手提着水壶正在给花儿浇水。五颜六色的花儿张开了笑脸。（师提示：“是不是好像在说什么？”）它们好像在说：“谢谢你，小姑娘！”（师指着手帕上

的一只小蝴蝶："别忘了它！"）一只花蝴蝶在空中飞舞，好像说："小朋友，你真爱劳动，爱护花木！"（众赞叹）

师：你想得很深，道理讲得很透！

生：（接着说）这种手帕也很便宜，和它差不多大的"黑猫警长"还比它贵5分呢！（众笑）

师：理由讲得多么充分！你的数学学得也不错！——现在，我当朱校长，谁当面向我说说？

（学生纷纷举手）

生：（走到于老师跟前）朱校长，您好！

师：小朋友好！——哎？你是谁？

生：（一愣）我叫×××，是岗山小学的学生。听于老师说，您要为幼儿园的小朋友买手帕，您真关心下一代！（笑声）张经理送来的样品都比较好。不过，我认为最好的是"黑猫警长"手帕。您看（用手指着手帕上的黑猫警长），大名鼎鼎的黑猫警长骑着红色摩托车，举着手枪，正在追赶作恶多端的"一只耳"。黑猫警长怒目圆瞪，眉毛都快竖起来了。它一边追，一边喊："'一只耳'，逃不了啦！"朱校长，这种手帕小朋友一定喜欢，我希望您能为小朋友买下它！

生：（另一生站起来补充）小朋友买了这种手帕，一定也会像黑猫警长一样勇敢！

生：（又一生站起来补充）虽然这块手帕贵了一点，但质量好！（众笑）

师：听你们这么一说，我还真动心了呢！好，我采纳你们的建议！（众笑）如果朱校长在这儿的话，当面推荐最好。可惜我不是朱校长。想个什么办法告诉朱校长呢？咱们下节课再讨论。

（下课）

第二课时

师：上节课，各人把要推荐的手帕仔细观察了一下，想好了推荐的理由。但是，怎样把我们的意见告诉朱校长呢？

生：写信！

生：打电话！

生：拍电报！

生：把我们的话用录音机录下来，请于老师把录音带给朱校长。（笑声）

师：你真会出主意。——我觉得，写信这个办法比较合适。因为，第一，写信容易把理由写充分；第二，时间来得及。

师：向别人或别的单位推荐人或物，都可以写推荐信。我们这封推荐信，要把推荐的手帕的优点讲全面，写具体，这样才能打动朱校长的心。当然也不能吹牛，要实事求是。格式和一般书信一样，只不过第一行的正中要写上“推荐信”三个字。（板书：推荐信）想一想，正文开头应当写什么？

生：先问好，自我介绍一下。然后再写推荐什么手帕，理由是什么。

师：对！现在开始写，有什么困难再问我。（学生写“推荐信”，教师巡回指导。）

师：多数同学写好了。现在，我请一位小朋友到前边来读一读。

生：（走到讲台前念）

推荐信

敬爱的朱校长：

您好？（老师发现“您好”后面是问号，插话：“‘您好’是一种祝愿，用问号不合适，应当用叹号。”）我叫×××，是邹城市岗山小学五年级一班的学生。您非常关心小朋友，要为他们买手帕。（师插话：“‘小朋友’前面加上‘幼儿园’三个字。”）我们听了很感动。（师插话：“这几句写得很得体，朱校长读了一定感到很欣慰。”）于老师让我们帮忙挑选，我们很高兴。

张经理送来的样品都比较好，适合小朋友用。我认为“孙悟空”手帕更好。手帕上的孙悟空头戴金盔，身穿黄金甲，脚蹬虎头靴，手拿金箍棒，正要向巨灵神打去。（师插话：“‘手拿’改为‘手举’。”）巨灵神急忙用双锤招架。他哪里是孙悟空的对手？双锤一下子震落在地。巨灵神急忙逃走。（师插话：“‘急忙逃走’改为‘败下阵去’。”）小朋友一定会喜欢这种手帕，看了上面的图，一定会像孙悟空那样勇敢。另外，这种手帕价格比较便宜。朱校长，我建议您为小朋友买这种手帕。

如果女小朋友不喜欢“孙悟空”，就给她们买“白雪公主”。

祝您

身体健康，工作顺利！

学生：×××

1990年4月24日

师：这是一封相当出色的推荐信。第一，理由充分；第二，说话恳切，十分得体；第三，格式正确。可见，你们的老师训练有素。以上三点，可供大家参考，没有想到的，补上。

（接着老师又面批了两篇，从略。）

师：刚才有个同学说，可以打长途电话把自己的建议告诉朱校长。这是一个比较省时的办法。但是，打长途电话，费用很高，因此，说话必须简明扼要。想一想，打长途电话怎么说？心中的哪些话必须说，哪些话可以省略？

（学生认真读推荐信，思考。）

生：自我介绍不能少，推荐的理由不能少，但是要简单，不能说具体。

师：也就是说，要概括地说，对吗？现在，请同学们举起右拳当听筒，同位的同学中，一个当朱校长，先练习一遍。

（课堂上顿时热闹起来）

师：我带来两部电话机，（说着，从提包里取出两部玩具电话机。）我当朱校长，谁来打电话试试？徐州的长途号是0516，鼓楼小学的电话号码是322735。

（说完将号码写在黑板上。学生纷纷举手。于老师把另一部电话交给一位同学。）

生：（拿起听筒，拨号。于老师跟前的电话铃响。）

师：（拿起听筒）喂，哪里？

生：我是邹城市岗山小学，我叫×××。您是鼓楼小学吗？

师：是的。您找谁？

生：我找朱校长。

师：我就是朱校长。（笑声）你有什么事？

生：我看了于老师带来的手帕。这些手帕图案新颖，色彩鲜艳。最好的是“黑猫警长”。黑猫警长骑着摩托车，举着手枪，正在追赶“一只耳”。小朋友一定喜欢他，会像他那样勇敢地和坏蛋作斗争。这种手帕不算贵，才8角钱。朱校长，建议您为小朋友买这种手帕！再见！

师：我还没表态，就再见了？（笑声）同学们对这位同学打的电话有什么评论？

生：我觉得他讲得多了，时间比较长。

师：是的。这次电话费至少得10元！（笑声）打电话要有时间观念，把话说简洁，还有推荐“黑猫警长”的吗？再试一次。

生：（拿起听筒，拨号。）喂，鼓楼小学吗？

师：是的。您是哪一位？

生：我是邹城市岗山小学的学生，叫××。

师：你找谁？

生：我找朱校长。

师：我就是。你有什么事？

生：朱校长，您好！我仔细看了于老师带的手帕，我认为“黑猫警长”手帕最好。可以说物美价廉。建议您为小朋友买这种手帕。

师：你说得真好！我决定采纳你的意见。谢谢！

生：不客气，朱校长，再见！

师：再见！（放下听筒）这位同学打的电话既省钱，又把问题说清楚了。可以打满分。（学生纷纷举手要求打电话）看来大家都想打电话。好，再给你们一次机会。

（于老师又把电话机递给一位同学。该生拨号，于老师接电话。）

生：喂，请问您是鼓楼小学吗？

师：是的。您找谁？

生：我是邹城市岗山小学的学生，叫××。我找朱校长。

师：朱校长不在。

生：（该生一愣，一时不知怎么说。好一会儿才想好了）请您转告朱校长：我看了张经理送的手帕样品，建议朱校长为幼儿园的小朋友买“爱劳动”手帕，这种手帕图案新颖，价格便宜，又有教育意义。麻烦您了！

师：不客气。

生：再见！

师：再见！（放下听筒）这个同学说得怎么样？

生：语言简练，把意见说清楚了。

师：该具体，还是该简练，这要根据实际情况来确定。该具体的不具体，不该具体的反而具体了，都不好。具体叙述和概括叙述这两种本领都要掌握，灵活运用。这节课就上到这儿。别忘了，把你们写的推荐信寄给朱校长。

生：请问邮政编码是多少？

师：这个我倒忘了！我们的邮政编码是221002。（说完板书在黑板上。）

（下课）

（徐州市玉潭实验学校　李玉梅整理）

教师观察

一、目标的确立与教学内容的选择

于老师将《写推荐信，打长途电话》的教学目标确立为在观察的基础上，引导学生辨别、评价，通过对手帕的评价，产生对手帕的情感倾向，进而向别人推荐自己喜欢的手帕。在此基础上，鼓励学生打长途电话，简明扼要地把自己的推荐意见说给对方。为了达成这一教学目标，于老师选择了以下教学内容：一，创设任务情境，引入交际话题。上课伊始，通过谈话交流，一个请同学“帮忙”引起了学生深厚的兴趣，自然而然地让学生进入本次交际的话题中来。二，学习、掌握把事物说明白、具体的方法、策略。利用图案各异的手帕，在学生整体感知的基础上，引导学生在夸手帕的同时，探寻适宜的赞美方法。其间，于老师指导学生在交际活动中通过比较与辨析，明白发表推荐意见要尽量把话说具体，要把事物的特点说清楚，把推荐的理由说明白。为了让学生明白，于老师相机示范介绍，为学生提供了模仿的榜样，进而直接影响学生的行为方式。三，明确任务，把握要领。在学生充分说的基础上，提醒学生不要忘记自己的任务——推荐。其间，于老师设置情境，让学生临场练习，并适时评价引领。学生在你来我往的交互活动中发展了语言，形成良好的口语交际能力。四，大胆训练，完善表达。指导学生在交际活动中通过比较与辨析，明白表达时理由要充分，说话要恳切、得体。五，巧妙过渡，现场演习。在轻松的谈话中，自然过渡到“打长途电话”这一环节。在看似漫不经心的谈话交流中，学生掌握了打长途电话的要领，言语表达能力得到发展。由于教学目标明确，教学内容的选择契合现实生活，使孩子们在快乐的活动中，观察、想象更主动，语言表达更放松，感情流露更自然，学生的观察、思维、想象和表达能力都得到最充分的发展。

二、学习活动开展与教师助学

坚守本质，凸现本色；加强示范，规范语言；随机引导，注重提升是于老师口语交际教学的显著特色。在教学中于老师坚持语言本体，让学生的每一次活动与展示都成为语文能力生成点，生长点。如课前于老师以聊天的形式与同学交谈，一个“请同学帮忙”拉近了师生之间的距离，激发了学生强烈的表达欲望。在学生滔滔不绝的发言中，于老师顺势告诉学生要具体介绍，鼓励学生说好每一句话，在口语交际的实践活动中落实了三维目标。当学生口语表达出现问题的时候，于老师通过亲身示范，让学生在感悟、模仿的过程中，逐步规范言语表达，通过教师的示范，学生当场就把话说清楚了。所以后面学生在推荐时，都注意到要把想说的意思表达清楚。

在整个教学过程中，于老师时而扮演朱校长，时而扮演朱校长同事，不断地转变着角色，不时地巧妙引导，调控交际过程，从而更好地实现交际的目的。在对学生的表达进行评议时，于老师把话语权交给学生，让同学听听小伙伴是否把话说清楚、明白了。如果不清楚，那该怎么说。让学生在同伴的评议过程中规范语言，学会如何把话讲得更清楚、更明白。学生参与评议，会促使他们更认真地倾听别人的发言，并判断正误、优劣，有效地促进了学生思维的发展和口语交际能力的提高。同时，于老师对学生在口语交际过程中出现的语言不规范、表述不清楚等情况，适时进行有针对性的指导，使学生的交际能力有所提升。

三、学生言语交际活动的状态及学习方式

言语交际活动是一个说与听的互动过程，其成功与否，取决于课堂上能否让每一个学生真正交际起来。整节课，学生兴致盎然。在于老师的巧妙引导下，从介绍手帕，到当面推荐手帕，而后的写推荐信，打长途电话介绍手帕，言语表达训练由浅入深，由感性描述到理性分析，学生的思维随之经历了一个不断探寻，不断思考，不断发现的过程。在这个过程中，“如何推荐”的知识结构清晰形成，心理图式得以丰富。不仅如此，在此基础上，学生在辨析“写推荐信”和“打长途电话推荐”的区别，其图式与输入的刺激信息又进行了比较，最终掌握了在不同场合、不同情况下如何把自己的意见表达清楚的方法。观察学生的学习方式及学习状态，我们可以感受到，围绕“推荐”，学生在言语表达活动中，积极建构着关于“推荐”的认知，同时，他们在老师的引导下不断地调节着自己的思维和表达。课堂上的多次临场练习，具有真实感和实效性，形成了积极的学习气氛。在于老师的引领下，学生步步登山，移步换景，交际兴趣盎然，言语表达能力不断提升。

四、学生参与度与目标达成度

教学中，于老师从兴趣、情感的激发入手，培养学生的表现欲，增强了口语交际训练内容的吸引力。课堂上，于老师尊重学生作为一个人所应有的权利、尊严、个性特长、思维与说话方式。在与学生的对话中，于老师放下“师道尊严”的架子，作为一个听众、朋友，与学生一起聊天，讨论，进行没有心灵距离的开放式的交流。他以一个学习者的身份加入到交际中去，成为学生学习的伙伴，建立了一个平等交流的交际网。平等、民主、和谐的气氛，给学生以轻松自由，乐趣无限的感觉，让所有的学生在此之中积极投入学习，主动思考问题，乐于表达，并分享着他人的成果。从于老师的教学中，我们能深深地感受到创设情景氛围的魔力。于老师注重学习方法的传授，思维过程的展示，给学生体验和领悟的机会，注重引发学生继续学习的愿望，让学生在潜移默化中受到高尚情感的熏陶和感染，为学生形成良好的价值取向和人生观奠定了基础。

（沛县歌风小学　汪雪迪）

专家评点

面对具体任务的语言训练

语言具有工具性，是为人们的生活服务的。语言的工具性决定了语言具有寄附性。语言的寄附性指语言活动总是和一定的生活相联系。学生的语言能力的培养和训练，一定要结合语言的这些特点来进行。于老师是一位语言教学大师，他非常注意语言的这些特点，总是在具体的情境、具体的任务中培养学生的语言能力。

具体的情境指语言使用的环境或背景。在一个具体的背景中，语言表达总是有非常具体的目的和任务。以这个课例来看，语言表达的具体任务是向校长推荐一款手帕。推荐的方式有两种：一是写推荐信；二是打长途电话。这两种方式实际上是于老师围绕推荐手帕设计出来的两项语言表达任务，语言表达任务的设计体现了于老师的课程素养。在任务中要培养学生什么样的表达能力，如何训练这些能力，在能力训练过程中会出现什么样的困难，老师该如何辅导，这些都是必须考虑的问题。

于老师的课程设计水平非常高，在这个课例中，于老师要培养的学生语言表达能力是：学会写推荐信；学会打长途电话。在第一项能力的训练中，推荐信的格式只是提到，重点引导学生学会申述推荐理由。这样的设计源于对学情的正确预估。学生们由于缺少交际经验，往往忽视了交际的另一方的立场，忽视推荐理由应该详细突出说明的这一要求，从而会导致交际不成功。于老师重点训练同学们如何把推荐理由说清楚，这是有的放矢。在第二项能力的训练中，具体任务是学会打长途电话，于老师的教学重点放在如何简洁地打长途电话，让同学们学会长话短说，废话少说，简明扼要，又要有说服力。

于老师的口语交际课，重点都放在交际情境的开发和设计上。一个好的交际情境，交际的社会任务是具体明确的，与同学们的生活世界是相通的，容易激起同学们的学习兴趣和动力。在于老师设计的交际情境中，与同学们交际互动的是他们熟悉的老师或他们见过的人，交际的社会任务是他们参与过的，在熟悉轻松的社会交际任务完成的过程中，进行语言技能的训练，构筑了一种自然习得的语言环境，有利于学生语言能力的提升。

（江苏师范大学　魏本亚）

19

《写介绍信，写说明，作广告》课堂实录与评析

课堂实录

第一课时　写介绍信，联系参观

师：同学们，明天我们准备到徐州电扇厂参观。这次参观的目的，是了解电扇的生产过程，开阔眼界，增长知识。下午，请孙老师和班长去联系一下，就不知道人家愿意不愿意，能不能接待。

生：看看有没有同学的家长在电扇厂工作，请他对厂长说一下。

师：找找关系，是吗？（笑声）不需要。请孙老师和班长去联系联系看看。但是，传达室的人会不会让我们进呢？这倒需要考虑考虑。

生：班长多喊几声爷爷！（众笑）

生：亲热一点，甜甜地喊！（众大笑）

师：你怎么敢肯定看大门的是一位老大爷呢？（笑声）

生：女的就喊阿姨。（笑声）

师：工厂重地，闲人免进。你的嘴再甜，人家不认识你，也不会

让你进的。

生：那还得找熟人。（笑声）

师：不找熟人就没办法了吗？

生：那……

师：有办法的，就是写封介绍信。（板书：介绍信）孙老师和班长拿着介绍信，传达室的人就会放行的。你们见过介绍信吗？

生：见过。有一次，我爸爸出差，拿了一张介绍信，好像是印好的。

师：这是一种。还有一种，完全是写的。前天，有位外地的老师到我们学校联系听课的事，我接待了他。这是他给我的介绍信。我把它一字不差地抄写来了。（出示小黑板）

> **介绍信**
>
> 徐州市鼓楼小学：
>
> 为了学习贵校的教学改革经验，我校想派部分教师前去听课。今有侯老师去贵校联系，具体要求面谈。至希接洽为荷！
>
> 山东省微山县实验小学
>
> 1990年4月2日

师：大家读一读，看看这封介绍信是谁写的，介绍谁到我们学校来的。

（学生读）

生：这封介绍信是山东省微山县实验小学写的，是介绍侯老师到我们学校联系听课的。

师：你看懂了。介绍信是生活中经常用得到的一种应用文。它是作为人们到别的单位联系工作的一种凭证。为了郑重起见，也为了让别人相信，所以到最后要加盖公章。它的格式和请假条、留言条相似。分称呼、正文、署名、日期几个部分。关键要知道正文应该写什么。

生：正文要写清派谁去，联系什么事。

师：“至希接洽为荷”，是客套话。“至”是到的意思；“接洽”就是“接待商议”；“为荷”，是表示感谢的意思。其实也可以这样说：“请大力支持，谢谢。”现在大家都写写试试，谁写的格式正确，字迹工整，就盖上校印，请孙老师拿着，到电厂去联系。

（每人发一张印有学校抬头的公文纸。学生写，老师个别辅导。）

师：谁来读一读？

生：（读）介绍信。尊敬的徐州电扇厂厂长：在您的领导下，“菱星”电扇名扬天下，为了了解电扇的生产过程，增长我们的知识，今有我校孙老师和五年级一班班长刘亚宇前往贵厂联系参观，请大力支持！谢谢！徐州市鼓楼小学五年级一班。1990年4月10日。

师：班级开介绍信也可以，可惜咱们班没有大印，要改为学校——谁再读？

生：（读）介绍信。尊敬的关心下一代的徐州电扇厂厂长先生：今有我校孙老师和五年级一班班长刘亚宇前往贵厂联系参观，请大力支持！谢谢！徐州市鼓楼小学，1990年4月10日。

师：这封介绍信很简洁。

（又有几个学生读，略）

师：不过半小时，咱们就学会了写介绍信，而且字迹工整。我看人人都可以当校长的秘书了。（笑声）请房柯拿着介绍信到校长室，请校长盖个校印，然后交给孙老师。（该生欢天喜地地拿着介绍信走了。）

师：到了工厂，班长应当怎样和传达室的人联系呢？大家帮助出出主意。

生：到了传达室先把介绍信给门卫看看，说明来意。

生：阿姨，您好！我是鼓楼小学的学生，我们是来联系参观的，这是介绍信。

师：说得不错。

生：孙老师去了，最好让孙老师说。（众笑）

师：不，主要是锻炼同学的交际能力。如果说不清，孙老师可以补充。——来，现在请班长过来，咱们来练一下怎么样？我当阿姨。（笑声）

（生敲门。）

师：请进！（众笑）

生：请问阿姨，厂长室在哪里？（笑声）

师：刘亚宇好像到外单位联系过工作，蛮有经验哩！（笑声）可惜我们不知道！不过，这一问，倒使我想起一件事，这时一定顺便问问厂长姓什么，见面好说话。刘亚宇别忘了。

师：见了厂长怎么说，厂长才会答应让我们参观？

生：厂长，在电视里经常看到您厂的广告，大人小孩都知道菱星电扇。

生：我们这次参观主要了解生产过程，回去以后，为您厂做宣传！

师：这句话有分量！厂长听了一定会答应。如果厂长担心我们不守纪律，影响他们生产，怎么办？怎样消除他们的顾虑？

生：厂长，我们是实验班，是孙老师、于老师教的，纪律好，您放心。（笑声）

师：千万别吹牛！总之，我们要把话说好，尽量把事办成。下午，就请孙老师和班长走一趟吧！

第二课时　写说明，作广告

师：同学们，我们这次到电扇厂参观很顺利，收获很大，亲眼看到了生产电扇的全过程，而且采访了二车间主任路瑞安师傅，受到了很大教育。临走的时候，厂长委托我们为新产品“3型鸿运扇”写个使用说明，作一个广告。这对我们来说，还是头一次。使用说明主要应将使用方法及使用时应注意的问题写明白。下面我们来操作一下。

（老师拿出一台“3型鸿运扇”。将插头插进电源插座。按下“键1”，风扇转动，风速小；按下“键2”，风速中；按下“键3”，风速最大。按下“定向键”，风定向；按下“停键”，风扇停止转动。）

师：看明白了吗？现在请一位同学来操作一下。（一学生走到讲桌前。）

师：第一步干什么？

生：将插头插入电源插座。（说完将插头插入插座）

师：我现在热得很，想让风吹得再大些。

生：（边说边做）把“键3”按下。

师：我想让风吹一个方向。

生：（边说边做）把“定向键”按下。

师：请关掉吧！

生：按什么？（笑声）

师：按黄键。对，这不解决了吗？厂里的师傅说，这种电扇体积小，非常安全。下面请大家为它写份“使用说明”吧！（板书：使用说明）要分序号，一项一项、一步一步写。

（学生写，教师个别辅导。写好之后，指名读。）

生：（读）使用说明。一、将插头插入插座。（师插话：“插座”前，加上“电源”二字。）二、根据需要选择“转速键”1、2、3，将键按下。三、如定方向，将“定向键”按下。四、不需要时，将黄色“关机”键按一下。

师：这份“使用说明”合格，用户一看，就会操作。大家修改一下，誊写在作文簿上。我选几份送到电扇厂，由他们选用。刚才说了，厂长还委托我们为鸿运3型写个广告，送到广播电台去。咱们在电视里、收音机里不知收看收听过多少广告。写广告要抓住产品的优点、特点，语言要生动、简练，写好并不容易。咱们试试好吗？

（学生饶有兴趣地写，边写边议。）

生：于老师，电扇厂的电话号码是多少？厂长叫什么？

师：广告里要用，是吗？空下来，我问问再写，或者请厂里自己加上去。

（学生继续写）

师：写好了吗？谁来读一读？

生：（读）徐州电扇厂新生产的“3型鸿运”电扇，小巧玲珑，功能齐全，安全省电，价格便宜，欲购从速。厂长：×××，电话：×××。

师：把特点写出来了。还有更简洁的吗？

生：（读）菱星牌3型鸿运电扇，国内首创，物美价廉。厂长×××向广大用户致意。电话：×××。

师：写得好，读得也好，你可以到广播电台录音。（众笑）还有写“顺口溜”的吗？

生：（读）菱星电扇，人人喜欢；菱星电扇，造型美观；菱星电扇，质量不凡；鸿运3型，电扇之冠；窗前枕边，扇叶翩翩；凉风习习，一夜安眠；家有菱星，胜似神仙。菱星，星星星……联系人：路瑞安，电话：……（该生叫夏乐天，是班里的“作文大王”。）

师：“星星星……”什么意思？

生：表示回音，声音逐渐传远。（众笑）

师：广告公司的广告也不过如此！刚才读的这几份广告都有入选的可能，真的选中了，说不定厂方还奖励你们一台电扇呢！

（众笑）说不定，我们班有人将来还真到广告公司工作呢！

（下课）

（徐州市玉潭实验学校　李玉梅整理）

课堂观察

一、目标的确立与教学内容的选定

《写介绍信写说明，作广告》是于永正老师在徐州市鼓楼小学五年级（1）班所上的一节口语交际课。让学生学会根据需要写介绍信，做到表达清晰，语言简洁，格式正确是这节课的教学目标。为了达成教学任务，于老师安排了以下教学内容：一，为什么要写介绍信。上课伊始，于老师就开门见山，引入主题：我们要去电扇厂参观，就不知道人家愿意不愿意，能不能接待？通过师生间妙趣横生的讨论，让学生明确了什么时候要写介绍信。二，怎样写介绍信。于老师巧妙地通过引入“下水文”让学生获知了写介绍信的要求和要领：

介绍信是一种应用文，它是作为人们到别的单位联系工作的一种凭证。关键要知道正文应该写什么，另外还必须注重格式和文明用语。三，有了介绍信，应该怎样和厂方接洽。于老师的这节口语交际课在完成学习写介绍信这一主要任务后，没有停止教学，而是继续引导学生思考：到了工厂，班长应当怎样和传达室的人联系呢？这一内容的安排让这节课真正达到了口语交际的目的：让学生学会表达，学会与人得体地交流、交往。

二、学习活动开展与教师助学

于老师的这节课秉承了他的一贯风格：实实在在，不搞花架子。一上课就直奔主题：要想进厂参观就必须写介绍信；接下来，自然导入，通过学习“下水文”明确写介绍信的要素；学生的写作练习和自由汇报，让教学内容落到实处，教学目标得以达成；最后情景模拟，师生对话，则让学生的交际能力进一步得以提升。

在于老师的课堂上，师生是平等的，师生之间的交流是无距离的。老师和蔼可亲，循循善诱，教学指导细致而又了无痕迹：一切教学从实际出发，从生活着手，教学场景生活化。于老师考虑周全，指导及时，一切水到渠成：有深入浅出地界定概念，有触类旁通地点明格式，还有简明扼要地突破难点……充分反映出于老师是在用心教学，用智慧教学。

于老师始终把学生放在首位，以生为本，他则以一个学习者的身份加入到学生中，成为学生学习的伙伴。在学生遇到问题时，通过语言提示启发、点拨，引导学生自我感悟、自我解决。学生发言时，只要不是原则性的错误，不轻易打断学生的思路，善于发现学生微小的进步及时肯定、鼓励，比如，当所有同学按要求完成介绍信的时候，于老师就这样表扬大家：“不过半小时，咱们就学会了写介绍信，而且字迹工整。我看人人都可以当校长的秘书了。”对表现特别优秀的房柯小朋友，于老师的激励方式更让孩子欣喜若狂：“请房柯拿着介绍信到校长室，请校长盖个校印，然后交给孙老师。”（该生欢天喜地地拿着介绍信走了）

三、学生参与度与目标达成度

口语交际教学是一种发展性的交际活动。在于老师的这节课上，学生自主探讨问题、解决问题，通过相互的交流、沟通，达成了交际的目的。小学阶段口语交际教学目标之一是“让学生能积极参加讨论，乐于参与讨论，并对感兴趣的话题发表自己的意见”。然而实际教学中，口语交际则一直是学生最不喜欢的学习内容，也是最让老师们苦恼和困惑的教学内容。如何让学生在已有的听说能力的基础上，规范口头语言，提高口语交际的能力，为书面作文打下基础，做到能说、会说、乐说，能写、会写、乐写，一直是每个小学语文老师为之努力奋斗的目标，于老师的课例则为我们做了很好的行动导引。

语文课程标准中对口语交际的评价提出这样的建议：“评价学生的口语交际能力，应重视考察学生的参与意识和情意态度。”按照这一评价标准，于老师的这节课无疑是成功的。请看——

生：看看有没有同学的家长在电扇厂工作，请他对厂长说一下。

师：找找关系，是吗？（笑声）不需要。请孙老师和班长去联系联系看看。但是，传达室的人会不会让我们进呢？这倒需要考虑考虑。

生：班长多喊几声爷爷！（众笑）

生：亲热一点，甜甜地喊！（众大笑）

师：你怎么敢肯定看大门的是一位老大爷呢？（笑声）

生：女的就喊阿姨。（笑声）

师：工厂重地，闲人免进。你的嘴再甜，人家不认识你，也不会让你进的。

生：那还得找熟人。（笑声）

以上教学片断的多个“笑声”让我们感受到了这是一节在玩中交际、在交际中学习的快乐课堂。于老师创设了轻松愉快的气氛，让学生情不自禁地融入场景，进入角色，使学生感到自己是交际的主人，是学习的主人，表达时没有顾虑，畅所欲言，说真话，抒真情，不做作，不虚假，真正做到了“我口说我心”。在玩中学，在学中乐，有益于孩子们的知识建构，有益于孩子们的能力养成。于老师的这一节课，不仅让学生收获了介绍信的写作方法，收获了与人交流的能力，还收获了自信，更重要的是增长了他们学习语文的兴趣。于老师的教学为我们形象地诠释了教书育人的真正意蕴。

（徐州市沛县曙光小学　燕桂香）

专家评点

交际情境的开发是提升言语交际能力的基础

语文课程的总目标可以概括为培养学生汉语言运用的能力。学生在课堂以外的情境中无时无刻地都在锻炼和运用语言，为何还要在课堂上训练和培养学生的语言运用能力呢？一是语言学家的研究证明，有些语言能力如果不加以专门训练，对于大多数人而言，是很难自然习得的；二是经过专门训练的人，其语言运用能力水平会更高。

课堂上的语言能力训练显然是有必要的。课堂上培养的语言能力要保证是自然情境无法习得的，或要高于自然情境下习得的语言能力。口语交际课的成功在于教学目标的定位成功，它要高于学生自然习得的能力，又要较为清晰且在课堂情境下能够训练。

于永正老师在设计和开发语言能力训练的情境方面具有丰富的经验。以这个课例为例，首先于老师具有言语交际能力培养的情境意识。“情境”可简单地概括为是语言交际背景。在这个课例中，于老师为同学们联系了徐州电扇厂，让同学们去完成一项真实的参观任务学写“介绍信”。在这项真实的参观任务中，参观是真实的社会任务，写介绍信是言语表达任务。参观是意义任务，写介绍信是形式。同学们在参加真实的、有意义的社会活动的同时，完成了以语言训练为目的的语言形式训练的任务。

于老师口语交际教学的另一个重要思想是由“说”到“写”的延伸。在一个自然的、真实的情境下，于老师往往选择一个话题和一项任务让同学们进行口头表达能力的训练，再进行另一个话题和另一项任务的书面表达能力的训练。就这个课例而言，于老师创设的自然情境是参观电扇厂。参观前，就“写介绍信”进行了口头表达能力的训练，如“说一说”介绍信该如何写，又进行了“写介绍信”的活动，写好后又让同学们把它读出来。参观后又进行了“写广告”的活动。“听说读写”可以独立训练，也可以分项训练，于老师往往把各项能力结合起来训练，或“听读结合”，或“说写”结合，或“听说结合”多方位地促进了学生语言能力的发展。

（江苏师范大学　魏本亚）

后　记

于永正老师是具有鲜明教学风格的全国著名特级教师。从教五十多年来，于老师上课与作报告的足迹遍及长城内外、大江南北。无论他走到哪里，哪里就会升腾一片“于热”。于老师的课堂教学已然成为中国小学语文领域的一面旗帜。于老师的课堂教学究竟有何深层的驱动密码？几十年来一批又一批的专家、学者纷纷剖析研究，广大一线教师不断观摩学习。

两年多来，我们搜集整理了于老师几十年来近百个公开教学的课例。同一个课例，于老师可能在不同的地方上过，有大同，也有小异；学情不同，策略有别。我们组织了一线名优骨干教师和学科教学专家进行全面搜集，深度挖掘并汇集成册，通过“课堂实录”、“教师观察”和“专家点评”三维一体的方式再现于老师“永远不变的素朴又不乏婉转、简单又耐人寻味的课堂”（特级教师窦桂梅语）。这本书的面世，旨在让正行走在课程改革路途上的“语文人”找回学科常识、秉持实践理性、坚守教育信仰，用科学的取向、博大的情怀和本真的追求去探寻语文课堂的本质与规律。

于老师的每一节课，你感受到的是一种深厚的教育素养，这种素养是磨练出来、修炼得来的。于老师的情趣是内在的，精神的，有境界的；于老师的教法是不教之教，无形之教。于老师的课第一句就“入戏”，没有“垫场”，不需热身，你必须全神贯注，生怕丢失掉什么。贾平凹在描述文学创作时说：“年龄和经历是生命的包浆啊！”“包浆”就是以物体为载体的岁月留痕。好颜色需要岁月的淘洗，意味着这件东西有了年纪，显露出温存，承托着岁月。我们所能做的就是通过研习让于老师那一节节精彩的课堂教学跨越时空，历久弥新。

从一个普通教师的视角重新审视于老师的课堂，看得不一定“透”，但说得一定“真”，写得一定“纯”。课文解读是多元的，作者的原意是客观存在的，但原意是不可能复现的，所有的解读都是近似值。同样道理，对于老师的课堂解读也是多元的，教者的探索是无止境的，所有的“课堂观察”只能是直观感受，即便你使出了浑身解数，也许并没有看出“肌肉纹理”。“课堂观察”因人而异，各有各的路数。但是，我们是虔诚的，怀着敬意，凭着热情。要写真实得需要真诚，我们真诚了，我们的表达就是真实的。

怎样去评于永正老师的课，我们邀请了教学专家来进行有针对性的点评。这就像生一堆火，越添柴火焰越大，火焰是热闹的，炙热的，是技是道都看得见；又像是在岸上观水，而水越深流越平静，以细辨波纹看水的流深，那只有船家渔家知道。

一百余万字的书稿终于付梓，这是众多教育人共同努力的成果。在此，唯有深深的感动与诚挚的感谢。感谢于永正老师，他挚爱教育的情怀与深厚的学养，一直激励着我们，鼓舞着我们前行。感谢江苏省教育学会杨九俊会长、江苏省教科所彭钢所长的高位引领与指导。感谢徐州市教育局张德超局长、李运生副局长，鼓楼区文教体局刘永光局长的大力支持与帮助。感谢江苏省于永正语文教学研究所、徐州市大马路小学提供了研究的条件，保障研究的顺利进行。感谢徐州市青年骨干教师团队的老师们，他们在课例搜集整理、“课堂观察”等方面投入了大量的精力，付出了辛苦的努力。感谢受邀撰写“专家点评”的专家教授们的鼎力相助与智慧奉献。感谢语文出版社郑浩主任和他的团队在本书出版过程中的精心策划与周密安排。

限于水平，这套丛书一定会有挂一漏万或失之偏颇之处。我们期待尊敬的读者给我们提出宝贵的意见，我们也真心希望这套丛书能成为“手心里的一束光”，照亮语文教育人的专业成长之路，我们也真诚邀请教育同仁一道，继续踏上于永正老师教育思想与教学实践的研究之路，共同探寻儿童语文教育的理想家园。

编 者

二〇一六年三月